Für Anette,
Josephine, Charlotte und Julius

Thorsten Latzel

Wagemut
Vom Wagnis, mutig zu sein

Theologische Impulse 5

Impressum

Bibliografische Information der Deutschen Nationalbibliothek:
Die Deutsche Nationalbibliothek verzeichnet diese Publikation in der Deutschen Nationalbibliografie; detaillierte bibliografische Daten sind im Internet über http://dnb.dnb.de abrufbar.

© 2021 Thorsten Latzel

Lektorat & Korrektorat: Anette Latzel, Satz: Thorsten Latzel

Cover-Gestaltung: Julia Majewski, www.affairen-gestaltung.de

Coverfoto: Pexels auf www.pixabay.com

Herstellung und Verlag: BoD – Books on Demand, Norderstedt

ISBN: 978-3-7557-1627-3

INHALT

„Ohn' eine Tat zu wagen, trennt man sich.
Der Versammlungen gar viel
sah ich, wie diese, ohne Zweck und Ziel, [...].
Handelt sich's nur um weisen Rat?
An Ratsherrn wird es nie gebrechen.
Doch gilt's entschlossne, frische Tat –
ja, Freund, dann ist kein Mensch zu sprechen!"[1]

„Wage-mutig" – was für ein wundervolles Wort! Nicht „waghalsig", das wäre überzogene Tollkühnheit und (nach Aristoteles) das andere Extrem im Gegenüber zur Feigheit. Leichthin den Hals und mit ihm Kopf, Kragen, Leib und Leben zu riskieren, ohne Sinn und Verstand. Aber eben auch nicht der Ratsherren und -damen vermeintlich weise Sesselsitzigkeit: eine gremiale Bedenkenträgerkultur, die Reden mit Handeln verwechselt und leider auch kirchlich allzu oft anzutreffen ist.

„Wage-mutig" – das steht für couragiert, kühn, verwegen, risikobereit. Nimmt man's genau, ist es noch einmal von „tapfer" zu unterscheiden: Beschreibt „wagemutig" die Bereitschaft, ein Wagnis überhaupt einzugehen, so „tapfer" die Durchhaltekraft, die damit verbundenen Widerstände standhaft auszuhalten.

„Wagemutig" – das weckt archaische Bilder: Dürers Kupferstich „Ritter, Tod und Teufel" (1513) oder Captain Jack Sparrow auf dem Deck der Black Pearl. Klingt fast schon etwas überladen, „wagen" und „mutig sein". Pleonastisch, doppeltgemoppelt. Doch genau darum geht es: *den Mut haben, mutig zu sein.*

Die Idee der Aufklärung hat Kant einmal mit dem antiken Satz „*sapere aude*" beschrieben: Habe Mut, dich deines eigenen Verstandes – ohne Anleitung eines anderen – zu bedienen. Die Idee der Reformation ließe sich in Entsprechung dazu als „*fidere aude*" formulieren: Habe Mut, der unbedingten Liebe Gottes zu vertrauen ohne Absicherung durch irgendetwas anderes. Will man dieses „Vertrauen" noch näher beschreiben, so geht es um ein „*audere aude*", eben um jenen Mut zweiter Ordnung, um den „Mut, mutig zu sein": Habe Mut, dich selbst zu wagen, verwegen du selbst zu sein, dein Leben zu riskieren – aus Liebe für andere. Im Vertrauen darauf, dass Gott dich im Letzten trägt. Leben, Liebe, Freiheit sind letztlich ohne solchen Wagemut nicht zu haben. Poetisch formuliert mit dem Grabspruch von Hilde Domin: „Ich setzte den Fuß in die Luft, und sie trug."[2]

Anfang der 20-er Jahre unseres Jahrhunderts stehen wir vor Herausforderungen, die einem leicht die Hoffnung rauben können. Ein drohender Klimakollaps – mit nahenden Kipp-Punkten, die wir nicht mehr rückgängig machen können, und mit dauerhaft massiven Folgen für das Leben auf der Erde. Eine Pandemie, die soziale Ungerechtigkeiten weltweit weiter vertieft und die Ärmsten noch ärmer macht. Ein sich anbahnender neuer Kalter Krieg zwischen den USA und China. Die Liste ließe sich schnell erweitern, mit den dazukommenden Problemen im persönlichen Umfeld jeder bzw. jedes Einzelnen.

Die Frage: „Was gibt uns den Mut, mutig zu sein?", gewinnt angesichts all dessen besondere Bedeutung. Vor 500 Jahren verteidigte Martin Luther seine Glaubensüberzeugungen auf dem Reichstag zu Worms. Die folgenden geistlichen Impulse handeln davon, wie Glaube als „lebendige, verwegene Zuversicht" helfen kann in schwierigen Situationen wagemutig zu handeln.[3] Es geht darum, dem eigenen Gewissen zu folgen, Haltung zu zeigen und Gott zu vertrauen. Um wagemutig zu leben und zu handeln, ist es hilfreich, sich selbst in der Gemeinschaft mit den Mutigen anderer Zeiten und Weltgegenden zu erfahren. Mit Menschen, die es wagten, gegen allen Augenschein ihren Fuß „in die Luft" zu setzen – und die dabei erfuhren: „Sie trägt!" Was gibt Menschen den Mut, sich heraus, hervor, hinein zu wagen? Was ist ihre Hoffnung wider allen Augenschein? Und was macht sie frei, auf ihre innere Stimme zu hören und mutige Zeichen zu setzen, wo andere nur vom Untergang oder der Macht der Verhältnisse reden?

Gewissen befreien – Haltung zeigen – Gott vertrauen. Die hier gesammelten Impulse kreisen um die Frage, wie wir die kleinen und großen Luft-Schritte wagen, die unsere Zeit braucht.

Alle Texte stammen aus dem Jahr 2020 und wurden für die Buchfassung nur leicht redigiert und mit Anmerkungen versehen. Ein herzlicher Dank gilt wie immer meiner Frau Anette für ihr kluges Korrekturlesen. Es hat Sie, liebe Leser/innen, und mich vor Schlimmeren bewahrt.

1. VON KNARZENDEN SCHLAFZIMMERTÜREN & DEN STÖRGERÄUSCHEN DER ANDEREN

Unsere Schlafzimmertür knarzt. Das ist ihr gutes Recht. Immerhin ist sie schon über einhundert Jahre alt. Wenn ich einmal so alt bin, werde ich auf jeden Fall auch knarzen. Habe ich mir fest vorgenommen. Bei unserer Tür nervt das Geräusch aber trotzdem. Vor allem, weil die Schlafzeiten von meiner Frau und mir stark auseinandergehen. In der Wissenschaft spricht man hier von verschiedenen Chronotypen, „Lerche" bzw. „Eule".[4] Das klingt ornithologisch klug, geradezu poetisch. Hilft in der Sache aber nicht wirklich weiter, da Lerchen und Eulen selten gemeinsame Schlafzimmertüren haben. Von Vorteil ist es dann schon eher, wenn man einen gesunden Tiefschlaf hat – oder, wie ich, einfach nicht so gut hört.

Das Knarzen von Schlafzimmertüren: Es gehört zu den kleinen oder großen „Störgeräuschen der Anderen" im Getriebe der Welt. Das Klackern der Kollegen mit dem Kugelschreiber im Büro, das Chipstüten-Rascheln im Kino, die Laut-Telefonierer im Zug mit den zwangs-kollektivierten Intimitäten: „Schatz, ich wollte bloß mal hören, was bei Deinem Besuch bei der Ärztin herausgekommen ist." Nein, sharing ist hier kein caring. Von unsinnigen Erfindungen wie Laubbläsern oder Auspuff-Tuning ganz zu schweigen, vor allem in der Nachbarschaft. Noch schlimmer, weil gesundheitsgefährdend: die Belastungen durch Straßen-, Bahn- oder Fluglärm, bei dem die Mobilität der einen die Lebensqualität der anderen massiv beeinträchtigt. Es ist kein Zufall, dass Robert Gernhardt in seiner Parodie „Gott. Das elfte Gebot" (1996) Gott die Aufforderung „Du sollst nicht lärmen!", mit rund dreitausendjähriger Verspätung diesmal am Feldberg offenbaren lässt.[5] Mitmenschen sind etwas Feines – solange sie einem nicht auf die Ohren gehen.

Der Krach der Anderen. Es gibt verschiedene Wege, wie gegenwärtig darauf reagiert wird. Rein technisch etwa durch Active-Noise-Cancellation (ANC) – eine Eigenschaft von neueren Kopfhörern, bei der Schall durch spiegelbildlich erzeugte Anti-Schall-Wellen in der Wahrnehmung reduziert wird (destruktive Interferenzen). Funktioniert erstaunlich gut bis zu einem gewissen Grad. Von Stille im eigentlichen Sinn ist man damit freilich immer noch weit entfernt. Der Boom von Meditations- und Achtsamkeitsübungen – eine andere Reaktionsweise auf den Lärm der Zeit – ist dafür ein Zeichen.

„Stille" meint dabei etwas anderes als die Abwesenheit von störenden Geräuschen. Es beschreibt eine Zeit der Konzentration, einer wirklichen Begegnung: mit sich selbst, mit anderen, mit Gott. Eine Zeit, um emotional Ordnung zu schaffen, sich Ängsten zu stellen, auf die innere Stimme, das eigene Gewissen zu hören. Stille ist die Zeit zum Lesen, Denken, Beten. Auch dazu bedarf es einer gewissen äußeren Geräuschkulisse. Das

Blättern der Seiten, den eigenen Puls, den Atem der anderen, das Ticken der Uhr. Wir können nicht nicht-hören. Und es ist gut, sich vor einer Verabsolutierung von Stille zu hüten. Völlige Stille als Entzug jedes Außenreizes führt als „sensorische Deprivation" (Sinnesentzug) zur Desorientierung – und ist eine Form der Folter. Absolute Stille bietet allein der Tod. Als Menschen sind wir exzentrische Wesen, die ihre Mitte außerhalb ihrer selbst haben. Säuglinge werden gestillt, auch indem sie den Herzschlag der Mutter spüren. Wir brauchen nicht Lärm, aber den rechten Klang von außen, damit in uns selber etwas schwingt.

Die Aufforderung: „Sei ganz bei dir selbst!", beliebt in spirituell aufgeladener Werbung, löst bei mir deswegen immer ganz unspirituelle Magenkrämpfe aus. Es lebe das religiöse Monadentum der Konsumgesellschaft: Was kümmert mich das Leid der Welt, solange ich Klangschale und Räucherstäbchen in meinem Apartment habe? Nein: Stille, wahre Stille fördert Begegnung und sensibilisiert – für mich selbst, für Gott, für andere. In der antiken Philosophie, bei den Anhängern des Pythagoras, gab es die Idee der „Sphärenmusik"[6]: ein harmonischer Zusammenklang von Tönen, die durch die Bewegung der Himmelskörper und deren mathematisches Verhältnis zueinander entstehe. Als Menschen würden wir sie nur nicht wahrnehmen, weil sie uns die ganze Zeit umgebe. Rein physikalisch teile ich die Skepsis, die diese Theorie vor allem bei empirisch orientierten Denkern erfahren hat. Als Metapher ist sie freilich stark: dass die Welt, das Leben einen Klang hat. Dass Stille etwas mit Hören-Lernen zu tun hat. Dass es in ihr – christlich gesprochen – um einen Bezug zur Liebe Gottes geht, die als „alles bestimmende Wirklichkeit"[7] die ganze Welt als Schöpfung durchdringt.

In einer so verstandenen Stille ziehe ich mich zwar aus dem „Lärm der Zeit"[8] zurück, aber gerade um den Anderen, der Welt auf neue Weise zu begegnen. Und ich erfahre in ihr, dass ich den „Klang der Anderen" brauche. Damit ich mehr bin als ein von Kaufhaus-Musik berieselter Konsument, mehr als ein durch Kopfhörer abgeschotteter Eremit neben anderen, mehr als die Quelle der Lärmbelästigung für meinen Nachbarn. Stille, so verstanden, ist eine Zeit, in der ich mich darin übe, etwas zum Klang, nicht zum Krach im Leben meiner Mitmenschen beizutragen. Mit Worten und Taten, die aus der Stille kommen und der Stille des Anderen dienen.

Vor Kurzem habe ich übrigens gemeinsam mit meiner Frau unsere Schlafzimmertür gefettet und geölt. Beide Türzapfen, mehrmals, intensiv. Jetzt knarzt sie fast überhaupt nicht mehr. Nur noch auf den entscheidenden letzten Zentimetern, kurz vorm Schließen. Das dafür aber ziemlich verlässlich. Weil dann ihre Holzverankerung in der Türzarge arbeitet. Soviel Eigensinnigkeit nötigt schon wieder Respekt ab. „Ach, weißt du", meinte meine Frau nach dem gefühlt siebenunddreißigsten Versuch, „irgendwie mag ich das Geräusch von der Tür ja auch. Das hat so etwas Vertrautes." Es erinnert ein bisschen an die lose Fliese in der Küche in einer unserer früheren Wohnungen, kurz vor der Treppe in den Keller, die immer so hübsch geklackert hat, wenn jemand draufgetreten ist. Aber das ist eine andere Geschichte.

2. „... UND GOTT JAZZTE"
Eine kleine Theologie der Improvisation

Jazz gilt musikalisch weithin als Inbegriff von Improvisation. Entstanden aus einer Verschmelzung von Spirituals, Field Hollers und Blues, entwickelt er sich Anfang des 20. Jh. als eine Stilrichtung, in der vor allem Afroamerikaner/People of Color ihre Lebens– und Leidenserfahrungen kreativ-befreiend verarbeiteten. In ihm spielt Improvisation eine zentrale Rolle – als Erfahrung spontaner, freier, kreativer Individualität.

Die Frage, wann diese dem Jazz zu Grunde liegende Idee in die Welt kam, lässt sich – biblisch betrachtet – recht eindeutig beantworten: im zweiten Kapitel des ersten Buches Mose, der Genesis. Noch genauer gesagt in Vers 18: „Und Gott, der HERR, sprach: Es ist nicht gut, dass der Mensch allein sei." Es war der Moment, in dem „Gott jazzte". Die Einsamkeit des Menschen veranlasste Gott zu einer improvisierenden Reaktion ganz eigener Art. Und in der kurzen, nüchternen Feststellung und in dem folgenden Handeln Gottes klingt theologisch das an, was später den Jazz musikalisch ausmachen wird:

- die spontane, kreative Interaktion, hier als Gottes „Response" auf den „Call" der menschlichen Situation,

- der „Off-Beat", der in den bis dahin wohlgeordneten, gleichförmigen Gang der Schöpfung hineinkommt,
- die Verarbeitung der ersten Disharmonie („nicht gut"),
- die leidgeborenen, neuen Blues-Zwischen-Töne, die als „Blue Notes" darin mitschwingen,
- und die Entstehung völlig neuer kreativer Individualität („Eva") durch die umgestaltete Tradition („Rippe").

In diesem Sinne: Der Versuch einer kleinen Theologie der Improvisation in fünf Stationen.

1. Station: Anfangen

> „Am Anfang schuf Gott Himmel und Erde. Und die Erde war wüst und leer. Und es war finster auf der Tiefe. Und der Geist Gottes schwebte auf dem Wasser. Und Gott sprach: Es werde Licht! Und es ward Licht. Und Gott sah, dass das Licht gut war. Da schied Gott das Licht von der Finsternis und er nannte das Licht Tag und die Finsternis Nacht. Da ward aus Abend und Morgen der erste Tag."
> (1. Mose 1, 1–5)

Die Bibel beginnt – ebenso wie die Schöpfung, von der sie erzählt – mit einer Komposition, nicht mit einer Improvisation. Die Erschaffung von Himmel und Erde in einem wohlgeordneten, festen Schema von sieben Tagen. Stets der gleiche Ablauf: „Und Gott sprach ... und es geschah." Immer ein harmonischer Schlusston: „Und siehe, es war (sehr) gut." Alles zur rechten Zeit und am rechten Ort. Eine große, harmonische, allumfassende

Komposition. Es ist die tiefe, letzte Gewissheit, die wir als Menschen – wie das Volk Israel im Exil – brauchen, um mit den tiefen Unsicherheiten des Lebens irgendwie klarkommen zu können: Dass die Chaos-Mächte eine Grenze haben. Dass das Dunkel nicht ewig dauert. Dass auf jede Nacht ein neuer Tag folgt. Dass alle Lebewesen ihren Platz haben. Dass es genug für alle gibt. Dass Sonne, Mond und Sterne für uns geschaffen sind. Dass es gut ist, dass es uns gibt. Das kann helfen, mit der Erfahrung von Fremde, Trauer, Verlust umzugehen. Mit den Tagen, den Jahren, wenn alle Pläne über den Haufen geworfen werden. Wenn einem die Hoffnungen entgleitet. Wenn das Leben völlig anders verläuft als gedacht und gewünscht.

Dem entgegen steht der Trost aus einer tiefen himmlischen Harmonie: Gott komponiert, er improvisiert nicht. Wie könnte es auch anders sein: „Im-provisieren" heißt wörtlich „nicht vorhersehen". Mit etwas Überraschendem, Unerwartetem umzugehen, das einem in einer Situation geschieht.

Gott aber, so erzählt es die erste Schöpfungsgeschichte, ist eben nicht in der Welt, sondern schafft die Welt. Er schafft aus dem Nichts. Die göttliche Komposition als letzter Halt, wenn einem alles im Leben verlorengeht. Und als tiefer Grund, um selbst improvisieren, mit dem Unvorhersehbaren umgehen zu können – auch wenn wir die Komposition selber niemals ganz verstehen.

2. Station: Alleine, nackt und vergänglich sein

„Da wurden ihnen beiden die Augen aufgetan, und sie wurden gewahr, dass sie nackt waren, und flochten sich Feigenblätter zusammen und machten sich Schurze." (1. Mose 3,7)

Die Improvisation beginnt dann gleich in der zweiten Erzählung von der Schöpfung. Sie beginnt damit, dass für den Menschen unter allen Lebewesen kein Gegenüber gefunden wird. Gott macht den Menschen aus Lehm, bläst ihm den Lebensodem in die Nase, setzt ihn in den Garten in Eden, dass er ihn bebaue und bewahre. „Und der Mensch gab einem jeden Vieh und Vogel unter dem Himmel und Tier auf dem Felde seinen Namen; aber für den Menschen wurde keine Hilfe gefunden, die ihm entsprach." (1. Mose 2,20) Er ist bei allem Leben um sich herum im Letzten einsam. So die erste Erkenntnis über das „Mängelwesen" Mensch (A. Gehlen).

Und die Improvisationen setzen sich fort. Schon bald, nach dem Griff nach der verbotenen Frucht, werden die Menschen selbst erkennen, dass sie nackt sind. Nun bastelt zunächst der Mensch sich notdürftig Kleidung. Später wird Gott ihnen Röcke aus Fellen machen. Und zugleich erfährt der Mensch die Vergänglichkeit seines Lebens: „Staub bist du und zum Staub kehrst du zurück." (1. Mose 3,19)

Einsam, nackt, vergänglich – Ur-Impulse kreativer Improvisation. Und die Improvisation als eine Mängel-Kompensations-Kompetenz. Als schöpferische, heilende Reaktion Gottes und des Menschen auf das Unvorhergesehene. Weil die Welt, das Leben, man selbst nicht so ist, wie sie sein sollten. Gott improvisiert. Um unseretwillen. Weil wir frei geschaffen sind. Und weil sich nur so dem begegnen lässt, dass wir einsam, nackt und vergänglich sind: durch liebevolles neu-schöpferisches Handeln. Durch kreative Töne, wie sie die Welt zuvor noch nicht gehört hat.

3. Station: Gebären

„Und Maria gebar ihren ersten Sohn und wickelte in in Windeln und legte ihn in eine Krippe, denn sie hatten sonst keinen Raum in der Herberge." (Lk 2,7)

Das Leben Christi ist die große Improvisation Gottes. Nun steckt Gott selbst mitten drin in der Welt, in der Unvorhersehbarkeit des Lebens, im großen Durcheinander. Und das Leben Jesu läuft – in seiner eigenen Wahrnehmung und in der seiner Mitmenschen – alles andere als wohlgeordnet, himmlisch geplant.

Von der unehelichen Geburt in Stall und Krippe. Über die Jahre als Wanderprediger, in denen ihn selbst seine Familie für von Sinnen hält. Bis zum Tod am Kreuz mit dem Schrei der Gottverlassenheit.

Doch diese Improvisation erfolgt, so schildern es die Evangelien, aus Freiheit heraus. Gott selbst bricht die Regeln und schafft einen kreativen Raum, in dem sich Neues ereignet. Gott legt die Noten beiseite, variiert, improvisiert, lässt der Liebe freien Raum, um die Disharmonien des Lebens aufzunehmen, die Töne auf neue Weise zu verschleifen, eine neue Melodie zu finden. Gott wird vom Komponisten zum Stand-up-Künstler, zum Meister der Improvisation – als Teil des einen großen Orchesters. Das meint Menschwerdung, Inkarnation. Gott groovt. Um in uns einen anderen Rhythmus, eine andere Melodie, eine andere Musik zum Klingen zu bringen. Um uns selbst zu Meistern der Improvisation zu machen. Zu freien Menschen, die anderen Menschen etwas von diesem Klang der Freiheit weitergeben. „Ein neues Lied wir heben an." (Martin Luther)[9] Deswegen wird die ganze Weihnachtsgeschichte von Lukas wie ein großes

Musikstück erzählt – von den Lobgesängen Marias und Zacharias', über den Gesang der Engel und Hirten, bis zum Lied des alten Simeon. Eine einzige musikalische Improvisation in Permanenz. Wenn Maria es gekannt hätte, hätte sie gejazzt.

4. Station: Wundern

> „Und Christus sprach zu ihm: Was willst du, dass ich dir tue? Und der Blinde antwortete ihm: Rabbuni, dass ich sehend werde. Und Christus sprach: Geh hin, dein Glaube hat dir geholfen. Und sogleich wurde er sehend und folgte ihm nach auf dem Weg." (Mk 10, 51f.)

Das Wesen des Glaubens hängt mit dem Wunder zusammen, einer heilenden Improvisation des Lebens. Eine Begegnung, in der sich etwas Überraschendes, Unvorhergesehenes, Unerwartetes ereignet, so dass die Menschen staunen, sich entsetzen. Eine Begegnung, in der Blinde sehen, Lahme gehen, Taube hören, Aussätzige rein werden und Menschen auferstehen zu einem neuen Leben. Unvorhersehbar. Unplanbar. Improvisationen des Lebens aus einer schöpferischen Liebe heraus.

Entscheidend ist, dass das Wunder, die Improvisation nicht einfach an einer der beiden Personen liegt – nicht an Christus und nicht an dem zu Heilenden. Sondern an der Beziehung zwischen beiden. Es beginnt mit der Frage: „Was willst du, dass ich dir tue?" Und es endet mit der Zusage: „Dein Glaube hat dir geholfen." Dazwischen vollzieht sich eine wahrhaft heilende Spontaneität, eine re-kreative Begegnung, die die eigene Vorstellungskraft sprengt.

5. Station: Gelassenheit

„So halten wir nun dafür, dass der Mensch gerecht wird ohne des Gesetzes Werke allein durch den Glauben." (Röm 3,28)

Glaube ist das Widerfahrnis, dass Gott einem die Freiheit schenkt, die Noten beiseitelegen und einfach spielen zu können. Die Erfahrung einer tiefen Freiheit, in der wir aufhören, es richtig zu machen, den Regeln, dem Gesetz zu folgen und stattdessen man selber zu sein, dem anderen zu begegnen und das eigene Leben wirklich zu leben. Das ist das Paradoxe im Leben wie in der Musik, dass man beide verfehlt, wenn man sich immer nur genau an die Partitur hält. So wie in der Geschichte vom reichen Jüngling, der alles richtig macht und gerade so den Sinn des Lebens verfehlt. Die Musik beginnt, wo die Noten aufhören. So wie bei einem Musiker, „der ein Stück immer und immer wieder spielt, bis er es plötzlich zum ersten Mal hört." (Anne Michaels)[10]

Improvisation meint dann das Gegenteil von Dilettantismus, keinen künstlerischen Not-Griff wegen mangelnder Vorbereitung. Es geht vielmehr um eine offene Begegnung, einen kreativen Raum, in dem jede/r einzelne mehr erfährt, als sie oder er selber begreift. Und in dem – wo und wann es Gott gefällt – auf wunderbare Weise Wunden heilen können.

Es ist die Erfahrung einer tiefen Gelassenheit, wenn man das Geländer loslässt und zu tanzen beginnt. Einfach, weil man es in sich spürt, weil es guttut und weil es die Welt ein bisschen schöner macht.

3. TEE-BEUTEL-SPRÜCHE

Wider die spirituelle Fremd-Verblödung

Spirituelle Sinnsprüche sind allgegenwärtig an allen möglichen und unmöglichen Orten. Ob auf Illustrierten, Shampoo-Flaschen, Kalendern, im Supermarkt, beim Essen im Restaurant oder auf Yogi-Tees: Ich werde täglich bombardiert mit Appellen für ein gutes, glückliches, emotionales, erfolgreiches, ausgeglichenes, harmonisches Leben.

Damit kann man unterschiedlich umgehen: Zumeist beachte ich es gar nicht. Ähnlich wie Werbung. Mit den weisen Worten des Theologen Herrmann Barth gesprochen: „Das ignorieren wir nicht einmal." Gelegentlich machen wir uns zu Hause darüber lustig. Speziell unsere Töchter haben die Übung des „Yogi-Tee-Bashings" zu einer sportlichen Disziplin gemacht: Wer kennt den blödesten Spruch? Unser Sohn kann Tee ohnehin nicht ausstehen. Und wenn ich selbst tatsächlich einmal anfange, über diese Sätze ernsthaft nachzudenken, gerät mein ganzes gutes, glückliches, emotionales, erfolgreiches, ausgeglichenes, harmonisches Leben durcheinander: Was ist das eigentlich für ein ausgemachter Unsinn, der einem da oft mit spirituellem Pathos verkauft wird? Und wer denkt sich eigentlich so etwas aus?

Ein paar kleine Kostproben:

„Das ganze Universum ist schön. Sei Du es auch."

Das ist der Lieblingsspruch einer unserer Töchter. Kommentar: „Also, wenn das Universum doch schön ist, dann bin ich es sowieso auch. Oder gehöre ich etwa nicht dazu? Was irgendwie schade wäre – auch für das Universum." Aber solche Fragen nach Konsistenz und Logik sind offensichtlich in dieser spirituellen Haltung nicht vorgesehen. Das zeigt der nächste Spruch.

„Wer liebt, hat keine Fragen."

Der Lieblingsspruch der anderen Tochter. O-Ton: „Aha, Liebe ist also nur etwas für Doofe und Leichtgläubige. Keine unnützen Fragen mehr wie: ‚Was denkst Du? Wie geht es Dir? Kann ich Dir helfen?' Und wie soll man sich dann eigentlich streiten? Oder wie stellt man einen Heiratsantrag? Vielleicht am besten gar nicht fragen. Einfach machen: ‚Ich Tarzan, Du Jane.'"

Oder: *„Geh nur Wege mit Herz."*

Herz ist wie Liebe, Universum, Seele, Gefühl: Das kommt immer gut. Aber was heißt das: Wege mit Herz gehen? Entweder bezieht sich das „mit Herz" auf das Gehen – in diesem Fall ist der Satz sicher kardiologisch und physiologisch vollkommen richtig. Ohne Herz sollte man nicht gehen. Auf keinen Fall. Oder es bezieht sich auf den Weg. Also emotionale Wege. Aber was ist das: ein „Weg mit Herz"? Und sind emotionale Entscheidungen oder Handlungen immer richtig?

Noch besser: *„Unschuld erweckt Intuition."*

Für diesen Spruch bin ich offen gesagt einfach schlicht zu dumm. Oder zu schuldig. Was soll das heißen? Selbst nach drei Tassen Tee bin ich auf keine Lösung gekommen. Keinerlei Intuition.

„Schätze die Person, die du bist."

Haben die Marketing-Texter solcher Sprüche eigentlich noch nie von dem anderen Modewort „Ambivalenz" gehört? „Wer bin ich – und wenn ja, wie viele?" (R. Precht)[11] Dass das Leben etwas mit Entfremdung zu tun haben könnte, ist hier nicht vorgesehen. Es gilt der permanente Imperativ des positiven Denkens: „Optimiere Dich selbst."

„Freude ist die Essenz des Erfolgs."

Hier wird es nun endgültig gefährlich. Unter dem Deckmantel von Lebensqualität wird einem eine religiös aufgeladene Erfolgsphilosophie untergeschoben: „Sei brav erfolgreich, dann freust Du Dich auch."

Ich glaube, dass das permanente Zu-Texten mit solchen Weisheiten etwas mit uns macht und machen soll. Sonst würden man sich ja nicht die Mühe machen. Es spiegelt m.E. eine kommerzialisierte Vereinnahmung und Verkehrung von entkernten, geglätteten, oft fernöstlichen religiösen Traditionen zum Zwecke von Selbstoptimierung und Konsum und Funktionieren. Auch wenn die Sätze so wellness-mäßig, so soft, eingängig, emotional klingen: Dahinter steht eine Lebenssicht, die überhaupt nicht harmlos ist. Ein pseudo-religiös-psychologischer Neu-Sprech, um den Menschen zum Kauf des nächsten Sofas oder Shampoos zu animieren, während er sich auf dem Weg zu seiner inneren Mitte wähnt.

Als kleines Gegengift daher hier eine Liste möglicher Anti-Yogi-Tee-Sprüche:

- „Ich bin nicht glücklich und habe nicht die Absicht, es zu werden." (Felicitas Hoppe)[12]

- „Wir müssen uns Sisyphos als einen glücklichen Menschen vorstellen." (Albert Camus)[13]
- „Eigentlich bin ich ein ganz anderer, ich komme nur so selten dazu." (Ödön von Horváth)[14]
- „Ruhelos ist unser Herz, bis es ruht in dir." (Augustinus)[15]
- „Mein Gott, mein Gott, warum hast Du mich verlassen?" (Jesus)[16]

Was diese Sätze ausmacht: Sie leben von einer inneren Spannung. Sie haben eine explizite Verfasserin oder einen Verfasser. Sie haben einen festen Ort im Leben, in Geschichten, in Büchern. Ich kann mich deshalb mit ihnen verstehend, kritisch auseinandersetzen. Sie schleichen sich nicht als platte Satz-Viren irgendwie ein. Sie überschreiten meine eigene Konsum-Wohlfühl-Erfolgs-Lebensblase. Weil sie Ecken und Kanten haben, bringen sie solche Blasen gelegentlich sogar zum Platzen.

Darum geht es auch im Glauben: Menschliches Leben in seiner Schönheit, in seiner Abgründigkeit und in seiner tiefen inneren Widersprüchlichkeit zu verstehen. Andere Menschen, Haltungen, Religionen nicht zu schnell und vereinnahmend zu verstehen, ihnen dafür aber wirklich und offen zu begegnen. Und um Gottes und des Menschen willen jeder Form einer kommerziellen spirituellen Fremdverblödung entgegenzutreten.

4. Im Spiegel der Angst

Liebe Leserin, lieber Leser, gestatten Sie mir eine indiskrete Frage: Wovor haben Sie eigentlich Angst?

Vor Spinnen, Schlangen, Ratten, Flöhen.
Vor engen Räumen, schwindelnden Höhen.
Fett, alt, arm und krank zu werden.
Einsam sterben, mit nichts zum Vererben
Den Job verlieren, abzuschmieren,
jämmerlich im Dreck krepieren.

Vor Muslimen, Juden, Homos, Fremden:
„Unser Land in dunklen Händen!"
Vor Dicken, Alten, Schwarzen, Andern,
„den vielen, die uns unterwandern".
Vor Ossis, Oldies, Offenbachern.
Vor Gauland, Höcke, Panikmachern.

Im Stau und in der Schlange stehen,
während alle andern fahren und gehen.
Verarscht zu werden, ohne zu wissen, vom wem,
am Ende vom ganzen, korrupten System.

Vor Apparaten, Ärzten, Schmerzen, Spritzen,
am Krankenbett der anderen sitzen.
Vorm Autofahren, Flugzeug fliegen,
im Fahrstuhl keine Luft zu kriegen.
Vor Dunkelheit und Einsamkeit,
vor Stillstand, Ruhe, Gebrechlichkeit.

Keine Luft zu kriegen, Tunnelblick,
Händeschweiß, nervöser Tick.
Würgen, Schwitzen, Zittern, Zucken,
Schwindeln, Stottern, Blinzeln, Jucken.
Rote Flecken an allen Backen
Herzrasen bis zu Panikattacken

Vielleicht sind Sie auch „*nomo-phob*"?[17] Die große Angst der Menschen unter 30. Dass die Welt untergeht, ist ja schon blöd. Irgendwie. Aber stellen Sie sich vor: Ihr Akku geht dabei leer und Sie können das nicht mal irgendwem posten? „*No-Mobile-Phobie*": der horror vacui in der linken Hand.

Oder sind wir möglicherweise alle zusammen „*phobo-phob*"?[18] Haben wir Angst vor der Angst? Die Menschen in der flüssigen Moderne: kurz vor dem kollektiven Burn-out, eine hormonell übersäuerte Gesellschaft, rund sieben, acht Milliarden, Tendenz steigend. Im Dauerstress, beim großen Wandeln von Globalisierung und Digitalisierung irgendwie nicht mitzukommen. Und in der Gefahr, dass wir wie Lemminge kollektiv auf den ökologischen Kollaps zulaufen. Die Corona-Pandemie hat noch einmal das ihre zu einer Angst-Kultur beigetragen: zu real sehr begründeten Ängsten wie verschwörungstheoretisch sehr wirren. Und dann kommt uns bei all unseren Planungen ständig noch dieses eigenartige Kontingenz-Phänomen namens „LEBEN" dazwischen – und bringt unsere selbst-optimierten To-do-Listen vollends durcheinander. Das alles führt zu einer Angst zweiter Ordnung: „Phobo-Phobie". Die Unfähigkeit, mit den ganz normalen menschlichen Existenz-Ängsten umzugehen.

Nun, wenn Ihnen das eine oder andere Gefühl bekannt sein sollte, dann sind Sie in guter Gesellschaft. Manchmal hat man als Mensch Angst. Das ist normal. In Zeiten von Corona umso mehr. Seit über einem halben Jahr sehen wir ständig Statistiken von Infizierten und Toten. Die Dauerdiskussion über Verbote, soziale Probleme und unvorstellbare Schuldensummen lassen wohl keinen unberührt. Erst recht nicht die Bilder von leidenden Menschen, Umweltzerstörung oder Katastrophen. Doch wie geht man damit um, wenn einen die Angst packt, wenn die Sorgen im Kopf zu kreisen beginnen und das eigene Herz verkrampft? Bei sich selbst oder bei Menschen, die einem nahestehen?

In 2017 und 2018 fanden zwei besondere Veranstaltungen der Evangelischen Akademie Frankfurt statt mit dem Titel „Im Spiegel der Angst".[19] Anlass war eine Auftragskomposition der EKHN mit dem gleichnamigen Titel, in der sich der zeitgenössische Komponist Gerhard Müller-Hornbach im Reformationsjahr kreativ-kritisch mit Luthers Umgang mit seinen Ängsten auseinandergesetzt hat. Hier mein kleines persönliches „Best-Of" aus den theologischen, philosophischen, psychologischen und literarischen Beiträgen zum Thema.

1. Keine Angst vor der Angst.

Es ist normal, Angst zu haben. Sie ist eine gesunde Reaktion und Warnfunktion der Seele. Evolutionär erworben. Wenn man früher einem Säbelzahn-Tiger auf dem Weg begegnete, war sie geradezu überlebenswichtig. Die Angstfreien sind damals recht bald ausgestorben. Angst gehört elementar zur menschlichen Existenz. Wichtig ist es aber, sich nicht von ihr bestimmen zu lassen. Als Richtschnur und Ratgeber für das eigene Leben taugt sie in aller Regel nicht. Etwa, wenn ich heute getigerten Katzen auf der Straße begegne. Die eigenen Ängste vor dem Leben und Sterben annehmen – sich aber nicht von ihnen bestimmen lassen – und ihnen so den Säbelzahn ziehen: darum geht es letztlich auch im Glauben: „In der Welt habt ihr Angst; aber seid getrost, ich habe die Welt überwunden." (Joh 16,33)

2. „Man muss sich von der eigenen Angst ja nicht alles bieten lassen." (V.E. Frankl)[20]

Auch wenn wir Angst haben, sollte die Angst nicht uns haben. Zum Wesen der Angst gehört, dass sie einen unfrei macht. Sie verengt den Blick, raubt einem Handlungsmöglichkeiten, schnürt einem den Magen zu. Das hilft beim Wegsprinten vor prähistorischen Wildkatzen. Ist aber wenig hilfreich bei den Ängsten im Alltag. Sie rauben einem Freiheit und essen sprichwörtlich die „Seele auf" (R.W. Fassbinder)[21]. Das alles sollte man den eigenen Ängsten nicht durchgehen lassen.

Eine der wichtigsten Konjunktionen in den biblischen Überlieferungen ist deshalb das kleine Wörtchen „dennoch". In ihr drückt sich die tiefe, innere Freiheit aus, mich nicht von meinen äußeren Umständen oder eigenen Emotionen bestimmen zu lassen. Durchatmen – den Blick heben – anders handeln. Den eigenen Ängsten zum Trotz.

3. Manchmal helfen Bücher, Hunde, Lachen, Tanzen – und vor allem gute Freunde.

So verschieden wie die persönlichen Ängste ist auch das, was Menschen hilft, mit ihnen umzugehen.

Manchmal helfen mir kluge Gedanken oder Geschichten von anderen, um rationale Ordnung in mein emotionales Chaos zu bringen. Nicht umsonst ist die Weisheit (griech. sophia) auch sprachlich ein Gegenstück zur Angst (griech. phobia). Von Kierkegaard etwa stammt die, wie ich finde, hilfreiche Unterscheidung von Furcht, die sich auf ein konkretes Gegenüber bezieht („ich fürchte …"), und Angst, die ihrem Wesen nach unbestimmt ist. Das macht sie nicht kleiner, ordnet sie aber ein.

Von einem liebevollen Umgang mit den Ängsten anderer handelt etwa der Roman „Erste Hilfe" von Mariana Leky[22]. In ihm begleiten eine junge Frau, Aushilfskraft in einem Kleintierladen, und ihr Nicht-mehr-oder-doch-noch-Geliebter und Mitbewohner Sylvester ihrer Nachbarin Mathilda, die Angst hat, vor lauter Angst verrückt zu werden. Und lernen dabei, letztlich mit ihren eigenen Gespenstern umzugehen. „Werde wach und stärke das andere, das sterben will." (Offb. 3,2) Es ist vielleicht eine der größten Gottesgaben, wenn ich einem anderen Menschen in seiner Seelen-Nacht beistehen kann – und andere mir.

4. Der bessere Zustand einer Gesellschaft ist der, „in dem man ohne Angst verschieden sein kann." (Th.W. Adorno)[23]

Wie wichtig unsere Kompetenz im Umgang mit den wechselseitigen Ängsten ist, zeigt sich gerade in der aktuellen Pandemie. Sie wirkt wie ein Katalysator des Guten wie des Schlechten. Ein Aufflackern von krudesten, oftmals antisemitischen Verschwörungstheorien einerseits und ein Aufscheinen von beeindruckenden Akten solidarischer Fürsorge für Schwache und Hilfsbedürftige andererseits. Die Pandemie betrifft trotz großer sozialer Unterschiede alle Menschen, weltweit. Sie kann – im guten Fall – dazu beitragen, dass wir uns nicht in einem nationalen Corona-Ranking-Wettkampf erleben, sondern in einer echten Leidensgemeinschaft miteinander. Sie kann – im guten Fall – dazu beitragen, dass wir uns mehr „um einander" als „vor einander" ängstigen. Doch das hängt davon ab, wie wir mit der Pandemie und mit unseren Ängsten umgehen. Die aktuelle humanitäre Katastrophe in Moria ist leider ein schreckliches Beispiel dafür, wie es nicht sein sollte. Im „Spiegel der (eigenen) Angst" verliert man allzu leicht die anderen aus dem Blick – und auch sich selbst. Das Paradoxe ist, dass einem gerade die Sorge um die Anderen helfen kann mit den eigenen Ängsten anders umzugehen. Dabei geht es nicht darum, frei von Angst zu sein, sondern darum, trotz meiner Angst frei für einander dazusein. Oder anders gesagt: jeden Mitmenschen so zu behandeln, als ginge es um uns selbst (Mt 7,12).

5. Vom eigenen USP & der Unverfügbarkeit Gottes

Dem am 29. August 2020 verstorbenen Karikaturisten Uli Stein hat unsere Generation eine Fülle an ebenso geistreichen wie witzigen Cartoons zu verdanken. Zu meinen persönlichen Favoriten gehört folgender: Eine Menge demonstrierender Pinguine skandiert: „Wir sind alle Individuen!" Daneben steht ein einzelner Pinguin mit einem Plakat: „Ich nicht!" Der Witz, bekannt auch aus „Monty Python's Life of Brian" (1979)[24], bekommt durch die uniformen, tierischen Protagonisten noch einmal eine besondere Pointe. In ihr drückt sich eine tiefgreifende Spannung unserer Zeit aus. Das Recht zur freien, individuellen Selbstverwirklichung ist längst zum Erwartungsdruck für die und den Einzelnen geworden. Es gilt, sich selbst zu profilieren, Einzigartiges zu erleben und dies auch umgehend den anderen mitzuteilen, sein eigenes Leben stylisch zu „performen". Oder neudeutsch: meinen USP (unique selling proposition), mein Alleinstellungsmerkmal zu pflegen. Und selbst im Akt radikaler Verneinung („Ich nicht.") entkommt man dieser Erwartungshaltung nicht, sondern erfüllt sie auf paradoxe Weise. Oder noch einmal mit „Life of Brian": „Nur der wahre Messias leugnet seine Göttlichkeit."

Der Begriff des „unique selling proposition" wurde von dem US-amerikanischen Werbefachmann Rosser Reeves 1940 eingeführt als Ausdruck eines einzigartigen Verkaufs– bzw. Nutzenversprechens.[25] Es geht um die Formulierung eines „veritablen Kundenvorteils", der ein Produkt von anderen markant unterscheidet. Diese Marketing-Logik wurde von Reeves 1952 bereits in die politische Praxis übertragen, als er im Auftrag der Republikanischen Partei erfolgreich deren Kandidaten Dwight D. Eisenhower bewarb – und so die Wahlkämpfe um die US-Präsidentschaft dauerhaft veränderte. Was bei Waschmitteln funktioniert, funktioniert auch bei Wahlen.

Der Soziologe Andreas Reckwitz hat in seinem Buch „Die Gesellschaft der Singularitäten" (2017) die Logik dieser Prozesse im Blick auf verschiedene soziale Felder eingehend beschrieben.[26] Ging es früher in der Phase des industriellen Kapitalismus, in der Moderne, vor allem um Normierung, Standardisierung, Generalisierung (Stichwort: DIN, Fordismus), so hat sich dies seit etwa den 70-er Jahren des letzten Jahrhunderts verändert. Nun, in der Spätmoderne, der Phase des kulturellen Kapitalismus geht es um die Hervorbringung von Einzigartigkeit, um Singularität. Neben dem ökonomischen Wandel hat dies, so Reckwitz, seine Gründe technologisch in der Digitalisierung und sozial in der Entstehung einer Mittelschicht. Es gilt, das eigene unverwechselbare Profil herzustellen und zu vermitteln. Das betrifft Waren und Unternehmen ebenso wie Orte, Gemeinschaften und den einzelnen Menschen. Dass wir immer wieder über das „Alleinstellungsmerkmal von Kirche" oder die „Kultur der Diakonie" sprechen, hängt auch damit zusammen. Es geht um die Akte kultureller Wertsetzung, sogenannter Valorisierung.

Auch Kirche und Diakonie müssen – wollen sie auf dem „Markt der Aufmerksamkeit" agieren – ihre spezifische, authentische Besonderheit erarbeiten und kommunizieren. Zu den Kehrseiten einer „Gesellschaft der Singularitäten" gehört, dass diese Prozesse zu einer Krise des Allgemein führen und soziale Verlierer produzieren. Eben jene, die durch ihre austauschbare Routinearbeit und ihre unspektakulären, typischen Lebensstile keine soziale Anerkennung finden. „Wir sind alle Individuen" – nur schade für dich, wenn dein Facebook-Profil und dein Lebenslauf das nicht hergeben. Einmal links wischen auf Tinder und die Bewerbung auf den Retour-Stapel.

In der Bibel gibt es eine Stelle, in der die Alleinstellung Gottes in einer Weise reflektiert wird, die zu der Logik des USP in markanter Spannung steht. Es ist die Geschichte vom brennenden Dornbusch (2. Mose 3). Das theologisch Besondere an ihr ist, dass Gott hier und nur hier seinen Namen offenbart: „Ich werde sein, der ich sein werde." Allein die Tatsache, dass Gott einen Namen trägt und ihn offenbart, ist dabei alles andere als selbstverständlich. Die Pointe: Gott ist in sich selbst ein Beziehungswesen, hat eine Pro-Existenz, ein „Gott-für-uns". Gott ist anrufbar. Er hört nicht nur auf die Gebete der unterdrückten Israeliten damals in Ägypten. Sondern er teilt sich in seinen Namen auch allen Leidenden dieser Erde mit, auf dass auch sie ihn zukünftig anrufen können.

Dennoch drückt sich in dem Namen Gottes eine völlig andere Logik aus als die des USP. Zwar geht es auch hier um eine Alleinstellung, aber eben nicht im Sinne eines singulären Profils, eines Produktes, sondern als Ausdruck seiner unbedingten Unverfügbarkeit.

Wir können Gott eben nicht „nutzen" für irgendeinen anderen Zweck (so schon Augustin). Er ist nie Mittel, kein Produkt, nicht verfügbar. Wir können ihm nur begegnen, ihn gleichsam „genießen" – wo und wann es ihm gefällt. Diese Begegnung hat ihren Eigenwert, ihre Schönheit ganz in sich – und verändert radikal unsere Einstellung zu allem anderen.

Gott begegnet uns als der, der radikal unverfügbar ist („Ich werde sein, der ich sein werde."). Als der, der für alle Leidenden ebenso wie für alle Dankbaren anrufbar ist („Ich bin der, ich bin da."). Und als der, der sich selbst auf die Seite der Leidenden und Unterdrückten stellt, damit sie einmal dankbar sein werden („Ich werde für dich da sein.").

Ich glaube, dass es zum USP von Kirche und Diakonie gehört, eben dieser Unverfügbarkeit Gottes und des Menschen Raum zu geben.

Dass jeder Mensch sich nicht erst in einem Akt kultureller Authentizitätsarbeit sein persönliches Profil erarbeiten muss, sondern dass er einen Namen hat, von Gott bildlich in seine Hände gezeichnet ist (Jes 49,16).

Dass er nicht Produkt ist, sondern ein unverfügbares Wesen, dass seinen Wert in sich selbst trägt.

Dass unsere Gesellschaft nicht gespalten wird in die einen, die Anywheres, die sich selbstbewusst erfolgreich kulturell darstellen. Und die anderen, die Somewheres, die sich in einem entwerteten Lebenskonzept alltagskulturell irgendwie durchkämpfen.[27]

In der Unverfügbarkeit der Liebe Gottes gründet, dass jeder Mensch für uns unverfügbar ist, in sich wertvoll, einzigartig, von Gott wunderbar gemacht (Ps 139,14).

Nur wenn Kirche und Diakonie diese radikal USP-kritische Perspektive kommunizieren, haben sie ihren USP gefunden. In einem Akt protestantischen Widerspruchs, so wie der kleine individuelle Pinguin bei Uli Stein: „Ich nicht."

6. MUMPITZ, FIRLEFANZ
& KOKOLORES

Von verschollenen Wörtern, Bullshit und der Zerstörung
zwischenmenschlichen Vertrauens

In früheren Zeiten gab es wunderschöne, wirkmächtige Wörter, wenn man ausdrücken wollte, dass ein anderer Mensch gerade Unsinn verzapfte – etwa:

- *„Mumpitz"*: eigentlich eine vermummte Schreck-Gestalt, die Kinder und einfältige Narren ängstigte; ein Lieblingswort des früheren SPD-Genossen Herbert Wehner als Reaktion auf Journalisten-Fragen;[28]

- *„Firlefanz"*: für alberne Possen, Ausflüchte und unnötiges Gehabe; hergeleitet wohl vom altfranz. virelai „Wiegenlied", Luther nennt einen Firlefanzer jemanden, der mit Worten umher träumt;[29]

- *„Kokolores"*: soviel wie Geschwätz oder Prahlerei; der lautmalerische Begriff hängt mit Kuckelöres bzw. Kikeriki zusammen und bezeichnet Leute, die wie ein aufgeplusterter Hahn herumkrakeelen.[30]

Die Liste der alten, mitunter verschollenen Wörter für menschengemachten Unsinn ließe sich noch weiter verlängern:

Humbug, Kappes, Kladderadatsch, Schmarrn, Schmus, Nonsens, Dumfug, Papperlapapp, Pillepalle, Quatsch, Quark, Heckmeck, Irrwitz, Kohl, Sottise, Driss, Blödsinn, Hafenkäs, Aberwitz, Schmonzes, Hokuspokus, Bockmist, Gewäsch, Tinnef, Stuss. Besonders schön finde ich etwa noch „Larifari" – nach den Brüdern Grimm bezeichnet es die „zurückweisung eines leeren geredes", „das wort selbst müssen wir als eines sinnes entbehrend ansehen".[31] Es leitet sich ab von den Merksprüchen für italienische Tonbezeichnung („La – re – fa" als d-moll-Dreiklang). Wie kläglich blutleer wirkt es dagegen, wenn heute von „alternative facts" oder „fake news" gesprochen wird. Um hier aber nicht allzu kulturpessimistisch zu klingen: Das Internet bietet – nicht zuletzt auf Wikipedia – lexikologische Nischen, in denen solche Archaismen glücklicherweise überdauern. Wer Augen hat zu lesen, der lese.

Die Vielgestalt alter Begriffe für „Un-Sinn" und „Wider-Sinn" ist dabei wichtig. In ihr spiegelt sich die virale Mutationskraft, mit der solche Unsinnigkeiten in immer wieder neuer Gestalt auftreten. Die aktuellen Verschwörungstheorien sind dafür ein ebenso eindrückliches wie erschreckendes Beispiel. Zugleich bieten sie verschiedene Strategien, um Irrsinn als das zu entlarven, was er ist. Etwa indem sie veranschaulichen, wie sinnleer manches Wortgeklingel ist (Pillepalle, Papperlapapp), bei welchen Gelegenheiten früher solche Gerücht entstanden sind (Gewäsch, Kohl, Quark), oder einfach, wie sie persönlich zu bewerten sind (Dumfug). Gerade dem Jiddischen verdanken wir dabei starke Ausdrücke – wohl auch deshalb, weil es sich immer wieder mit sprachlichem Witz antisemitischen Widersinns erwehren musste.

Das Buch des US-amerikanischen Philosophen Harry G. Frankfurt „On Bullshit", ursprünglich ein Aufsatz aus dem Jahr 1986, wurde 2005 zum Bestseller.[32] In ihm setzt sich Frankfurt mit einer speziellen Form des Unsinns und Widersinns auseinander, nämlich einem prätentiösen, hohlsprechenden Gerede, das durch Werbung und PR-Arbeit auch in der Politik Einzug gehalten hat. Im Unterschied zur Lüge als einer sachlichen Unwahrheit zeichne sich Bullshit dadurch aus, dass das Verhältnis zu so etwas wie einer Realität oder objektiven Fakten letztlich egal sei und es einzig auf die eigene Selbstdarstellung ankomme. Das klingt geradezu prophetisch im Blick auf die Politik, die wir in den letzten Jahren durch Trump oder Boris Johnson erleben mussten – und macht deutlich, wes Geistes Kind dieser demokratiezersetzende Politik-Stil ist. Was macht das eigentlich mit einer jungen Generation, unseren Kindern und Enkeln, wenn sie tagtäglich in den Nachrichten nicht nur miterleben, dass Politiker lügen (so etwas kommt vor). Sondern dass es ihnen schlicht egal ist, wenn sie damit öffentlich konfrontiert werden – und sie es dann im Sinne ihrer eitlen Selbstdarstellung einfach umbenennen? Harry Frankfurt: „Bullshit is a greater enemy of the truth than lies are."[33] Steht ein „Lügner" im inhaltlichen Widerstreit zur Wahrheit, so zerstört – nach Frankfurt – ein narzisstisch-prätentiöser „Bullshitter" das Vertrauen, dass ein Bezug auf so etwas wie Wahrheit überhaupt von Bedeutung ist. Und untergräbt damit das Fundament, auf dem unsere freiheitlich-demokratische Gesellschaftsordnung und unser Rechtsstaat beruhen. Dass ein Mensch wie Trump als Präsident nachgewiesenermaßen notorisch lügt, ist schlimm. Die eigentliche Gefahr besteht jedoch darin, dass wir uns kulturell daran gewöhnen. Es darf uns nicht egal werden.

Die evangelische Kirche versteht sich selbst als „Kirche des Wortes". Für das protestantische Glaubensverständnis ist das Verhältnis von Verheißung (promissio) und Vertrauen (fiducia) grundlegend. Gott verspricht – und als Menschen verlassen wir uns darauf. Darauf, dass Gottes Wort gilt. Dass Gott uns in seinem Wort selbst begegnet. Und dass das Wort so wirksam unser Leben verändert: „So kommt der Glaube aus dem Hören, das Hören aber aus dem Wort Christi." (Röm 10,17)

Für Christinnen und Christen, gleich welcher Konfession, ist es daher undenkbar, dass auch ihre eigene Rede keine Bedeutung haben könne: „Eure Rede aber sei: Ja, ja; nein, nein. Was darüber ist, das ist vom Bösen." (Mt 5,37) Als Christ scheitere ich – wie alle anderen Menschen auch – immer wieder an diesem Anspruch. Ich biege mir die Wahrheit zurecht, kaschiere, flunkere mich durch, täusche mich selbst und andere. Die großen und kleinen Unwahrheiten des Alltags: angefangen bei meinem Umweltverhalten („Nicht so schlimm."), über die Gespräche über andere hinter deren Rücken („Wie schlimm, wie schlimm."), bis zu manchen richtig fetten Lügen („Selbst für mich schlimm.") Das ist so. Und das ist nicht gut.

Was aber nicht geht, ist, dass ich mich damit abfinde. Dass mir Lüge und Wahrheit „gleich-gültig" werden. Dass ich mich nicht mehr darum bemühe, meine Zusagen anderen gegenüber zu halten. Dass ein Versprechen, dass ich gebe, für mich jede Bedeutung verliert: „Ich liebe dich. Ich werde für dich da sein. Du kannst dich auf mich verlassen." Wir können daran scheitern, und werden dies auch. Immer wieder. Aber wir dürfen nicht aufhören, an die Verlässlichkeit von Versprechen zu glauben – bei Gott, bei uns selbst und bei anderen.

Es gilt demnach nicht nur der Rechtsgrundsatz: „Verträge sind zu halten" (pacta sunt servanda). Sondern auch der tieferliegende, unser zwischenmenschliches Vertrauen begründende Glaubensgrundsatz: „Dies ist gewisslich wahr und ein Wort, des Vertrauens wert" (1. Tim 1,15). Eine Kurzumschreibung für das Evangelium als „Anti-Bullshit" (im oben dargelegten Sinn).

Das Evangelium (als „Wohl-Wort") handelt von dem einen Menschen Jesus von Nazareth:

- ein Mensch, der in, mit, aus der unbedingten Liebe Gottes lebte – und so für andere zur Liebe Gottes in Person wurde;
- ein Mensch, der andere heilte, tröstete, stärkte und sich bis ans Kreuz für andere aufopferte – als Gegenbild jedes prätentiösen Narzissmus;
- der Mensch, mit dem Gott sich ein für alle Mal selbst identifizierte und in dem sich Gott gegen alles stellte, was uns von seiner Liebe trennt, selbst gegen den Tod.

Das ist es, worauf wir als Christen vertrauen, warum wir selbst Christen heißen. Und was uns dazu anleitet, so zu reden und zu leben, dass es für andere vertrauenswürdig ist. Allem Mumpitz, Firlefanz und Kokolores zum Trotz.

Feiner als Gold

Damit Du mir
und wir einander
vertrauen können,
will ich meine Worte
hüten und wägen
wie einen kostbaren Schatz.

Und zur Not lieber schweigen.
Weil ich sonst nicht nur sie verliere,
sondern auch Dich und uns.
Und das Vertrauen
ins Vertrauen.

7. Von Ausreden und vom Einander Ausredenlassen

Der Auftakt der TV-Duelle der beiden US-amerikanischen Präsidentschaftskandidaten im Wahljahr 2020 war ein Tiefpunkt politischer Kommunikation in einer westlichen Demokratie. Vor allem der amtierende Präsident Donald Trump war weder willens noch fähig, seinen Kontrahenten Joe Biden ausreden zu lassen. Nicht einmal dem erfahren Moderator Chris Wallace gelang es, in Ruhe seine Fragen zu formulieren. Nach dem Motto: „Wenn ich das letzte Wort habe, habe ich auch recht." Ein Diskurs-Niveau, wie es einem aus Kita-Zeiten vertraut ist: „Gar nicht." „Doch." „Immer einmal mehr wie du." Zumindest tauchte Trump dieses Mal nicht hinter Biden auf – wie vier Jahre zuvor bei Hillary Clinton. Statt des einander Ausredenlassens folgten dann die Ausreden: „China-Virus, Demokraten und die böswilligen Medien – alle Schuld außer mir. Euer Problem, wenn ihr meine Genialität nicht begreift." Ein Parade-Beispiel für die Unfähigkeit eines Menschen, mit eigenem Versagen und Fehlern umgehen zu können.

Sich rausreden und andere nicht ausreden lassen – ein pointiertes Gegenmodell dazu stellt die Beichte dar. Eine heute weithin altertümlich anmutende religiöse Kommunikationsform, in der es genau um das Gegenteil von TV-Duellen geht: Sich von den eigenen Schutzbehauptungen und Schönfärbereien freimachen und ehrlich zu eigenen Fehlern stehen. Dazu braucht es Zeit und Raum und wechselseitiges Vertrauen, um das Eigene auszusprechen und sich etwas sagen zu lassen. Nun sind Beichte und TV-Duell natürlich zwei grundverschiedene Gesprächssituationen. So weit, so klar. Tatsächlich geht es in beiden Situationen aber um einen Umgang mit dem, was war, im Blick auf das, was kommt. Ein biblisches Beispiel für solch einen anderen Umgang mit Fehlern der Herrschenden ist die Geschichte von David und Nathan, die „Nathan-Parabel" (2. Sam 12). Der Prophet Nathan erzählt darin König David von zwei Männern, einem reichen und einem armen, die in derselben Stadt leben. Als der Reiche Besuch bekommt, schlachtet er kein Tier aus seinen eigenen Herden, sondern das einzige, liebevoll aufgezogene Schaf des Armen. König David entbrennt in Zorn über das himmelschreiende Unrecht und verurteilt den Reichen zum Tod: „So wahr der HERR lebt: Der Mann ist ein Kind des Todes, der das getan hat!" Da konfrontiert ihn Nathan mit seiner eigenen Schuld: „Du bist der Mann!" Weil er selbst die Ehe mit Batseba gebrochen hat, der Frau seines hethitischen Hauptmanns Uria. Uria aber hat er durch eine Intrige im Kampf umbringen lassen – als armen Mann und geschlachtetes Schaf in einer Person. Das Besondere ist, dass David sich dann aber nicht herausredet. Dass er seine Schuld gesteht und so zumindest einen Teil der Folgen abwendet – auch wenn das erste Kind aus seiner Beziehung zu Batseba stirbt.

Es ist vielsagend, dass die Geschichte dieser öffentlichen Schuld eines Herrschenden im Stammbaum Jesu auf ewig verzeichnet ist: „David zeugte Salomo mit der Frau des Uria." (Mt 1,6) Das Evangelium von Jesus ist so von Anfang an immer auch mit der kritischen Sicht auf den Machtmissbrauch von Mächtigen verbunden – und mit der Möglichkeit zu deren Umkehr. Dass es das Kind ist, das an seiner statt stirbt, und die Frau, deren Name – Batseba – hier nicht genannt wird, ist eine andere Geschichte. Sie tragen die eigentlichen Folgen von Davids Tat.

Die öffentliche Buße (lat. poenitentia publica) war früher eine Form, in der der Willkür von Mächtigen begegnet werden konnte, zumindest manchmal. Heute kommt diese Funktion vielfach einer unabhängigen, kritischen Presse und den Verfassungsgerichten zu, weshalb sie meist die ersten Ziele autoritär Herrschender sind. Zugleich braucht es, so glaube ich, in neuer Weise Räume religiöser Buße, in denen – auch Herrschende – einen wirklichen Sinneswandel vollziehen können. Räume, in denen sich eine Konfrontation mit Gott ereignet, in denen Schuld erkannt – und auch vergeben werden kann.

Mit den eigenen Ausreden aufhören und den anderen ausreden lassen – oft wird kolportiert, dass die Reformatoren die Beichte abgeschafft hätten. Das stimmt so nicht. Was in der evangelischen Kirche abgeschafft wurde, war der Zwang zur Beichte und waren die mit ihr verbundenen Vorstellungen, dass der Mensch seine Sünde einfach aus sich erkennen und selbst etwas als „Genugtuung" leisten könne. Am Ende seines Kleinen Katechismus beschreibt Martin Luther denn auch einfühlsam, wie eine Beichte im evangelischen Sinne aussieht. Wie ein

Mensch in der Begegnung mit Gott zur Einsicht in Fehler und zu einem Sinneswandel kommen kann. Wie ein anderer Mensch ihn darin begleiten und freisprechen kann. Wie sich so die Möglichkeit zu einem wirklichen Neuanfang eröffnen kann. So alt und abständig Begriffe wie Beichte und Buße (als Sinneswandel) klingen mögen, so sehr fehlen sie m.E. gerade im Umgang mit Schuld im öffentlichen Raum. Weswegen dann oft nur die Selbstrechtfertigung bleibt. Das permanente Re-Framing der eigenen Taten, so lange, bis man selbst daran glaubt. Der rosarot gefärbte Spiegel verzerrter Selbstwahrnehmung, weil Schuldeingeständnis Gesichtsverlust und eine Scham bedeuten würde, mit der man nicht umgehen kann. Weil einem das Gegenüber fehlt, das die ganze eigene Geschichte kennt, auch die Tiefen des eigenen Herzens, die einem selbst verborgen sind. Vielleicht konnte David deshalb als König nicht nur gegenüber Nathan, sondern auch später öffentlich zu Fehlern stehen, weil er wusste, dass es besser ist, „in die Hand des HERRN (zu) fallen", als in die eines Menschen (2. Sam 24,14). Ich glaube, wir brauchen in Demokratien eine Fehlerkultur, die es Verantwortungsträgern ermöglicht, zu – mitunter notwendigen – Fehlern zu stehen. Und wir brauchen es, dass wir zwischen Menschen und ihren Taten unterscheiden und Schuldeingeständnisse nicht mit Gesichtsverlust ahnden. Und wir brauchen Räume, in denen sich in der Begegnung mit Gott wirklicher Sinneswandel ereignen kann.

8. VON KREUZWORT-RÄTSELN & DEM GEHEIMNIS DES LIEBENS

Zu den festen Rubriken einer jeden Tageszeitung gehört die Rätsel-Ecke. Je nach Veranlagung übt sie keine bis große Faszination auf Menschen aus, mit sehr unterschiedlichen persönlichen Vorlieben. Während unsere Töchter solchen „Senioren-Zeitvertreib" geflissentlich ignorieren, neigt meine Frau zu Schwedenrätseln, ich zu Zahlenaufgaben (vor allem „str8ts"), unser Sohn macht alles, was ihm vor den Bleistift kommt.

In dem sehr lesenswerten Roman „Die einzige Geschichte" von Julian Barnes entwickelt Paul, der Ich-Erzähler, dazu eine eigene Theorie[34]:

> „Bei diesem vermeintlich harmlosen Zeitvertreib ging es eindeutig um mehr als das Entschlüsseln kryptischer Fragestellungen und das Eintragen der Lösungen in kleine Kästchen. Meine Analyse erbrachte folgende Faktoren: 1) den Wunsch, das Chaos dieser Welt auf ein kleines, verständliches Raster von schwarz-weißen Quadraten zu reduzieren; 2) den diesem Wunsch zugrunde liegenden Glauben, letzten Endes ließe sich alles im Leben lösen; 3) die Bestäti-

gung, dass das Dasein eine im Wesentlichen spieleri-
sche Tätigkeit sei; und 4) die Hoffnung, dass diese Tätigkeit den existenziellen Schmerz unseres kurzen irdischen Weges von der Geburt bis zum Tod fernhalten
werde. Das müsste ungefähr hinkommen!" (S. 64f.)

Hintergrund seiner These ist, dass das Lösen von Kreuzwort-
Rätseln zu den bürgerlich-spießigen Lieblingsbeschäftigungen
von Gordon Macleod gehört – des Mannes, in dessen 48-jährige
Frau Susan er sich als 19-jähriger gerade verliebt hat. Dessen
Kästchen-Buchstaben sind geradezu das Gegenmodell zu seinem eigenen Versuch, die Geschichte seiner Liebe und ihres Geheimnisses rückblickend zu erzählen.

Paul erzählt seine „einzige Geschichte" als selbstkritisch re-
flektierender und zugleich unzuverlässiger Erzähler. Er legt auf
Orte, Wetter, Milieus keinen Wert, um sie dann doch ausführlich
zu schildern. Er zweifelt an seinen eigenen Erinnerungen wegen
ihrer verklärenden wie verschärfenden Wirkung. Er streicht in
seinem Notizbuch niedergeschriebene Erkenntnisse durch, um
sie dann doch wieder aufzuschreiben. Bis hin zum durchgestri-
chenen und identisch re-notierten Titel des Romans und seiner
einzelnen Kapitel. Eben, weil sich das Geheimnis des Liebens
schwer beschreiben, geschweige denn verstehen, wenn überhaupt nur erzählen lässt. Das liege, so Paul, schon sprachlich daran, dass „jede Nacht Milliarden von Menschen weltweit die Einzigartigkeit ihrer Liebe mit Formeln aus zweiter Hand bekunde-
ten." (S. 280) Das sollte eigentlich nichts ausmachen. Tue es
manchmal aber eben doch.

Eine der wenigen nicht durgestrichenen Erkenntnisse in seinen Aufzeichnungen lautet:

„In der Liebe ist alles wahr und falsch zugleich; sie ist das einzige Thema, über das man unmöglich etwas Absurdes sagen kann." (S. 241).

Für diese Haltung steht Joan, Susans Freundin, die einzige Erwachsene, auf deren Rat Paul etwas gibt. Sie mogelt beim Kreuzwort-Rätsel, indem sie Lösungsworte erfindet – weil sie schon lange die Überzeugung aufgegeben hat, dass das Leben als Ganzes einen Sinn ergibt. Und vielleicht deshalb ist sie die einzige, die die Amor fou von Paul und Susan versteht.

Zu der besonderen Erzählweise des dreiteiligen Romans gehört, dass er, zunächst ganz im Ich-Stil verfasst, ab der Mitte (zumeist) ins Du wechselt, um schließlich in eine Er-Perspektive zu münden. Darin spiegeln sich die unterschiedlichen Weisen, in denen das eigene Lieben erfahren wird. Die unbedingte Subjektivität des Verliebt-Seins am Anfang – jung, authentisch, verklärend, absolutistisch; die Begegnung zwischen zwei Liebenden auf Dauer – erfüllend, realistisch, verletzend, bis zum harten Scheitern; der nur im distanzierten Rückblick mögliche Versuch, die „einzige Geschichte", die man früher mit jemand anderen geteilt hat, zu verstehen:

„Es war, als betrachte – und lebe – er sein Leben in der dritten Person. Was ihm erlaubte, es richtiger zu beurteilen, glaubte er." (S. 231)

Doch wie nähert man sich nun dem „Geheimnis des Liebens"? Ein paar vorläufig undurchgestrichene Gedanken:

Im Unterschied zum Rätsel gehört es zum Wesen eines Geheimnisses, dass es sich nicht einfach „lösen" lässt und dann verschwindet, dass es nicht einmal kleiner wird, je länger man darüber nachdenkt. Im Gegenteil: Es wird eher noch größer. Das

Geheimnis betrifft mich selbst, bleibt nicht außerhalb. Gerade in Bezug auf das Lieben hat es mit Faszination, Zauber, Erschütterung, existentiellem Berührtsein zu tun, nichts mit korrekt auszufüllenden Karo-Kästchen.

Wenn theologisch gesprochen „Gott die Liebe ist" (1. Joh 4,16), so gilt übertragen ein Moment des Unverfügbaren, Entzogenen gleichfalls für das Lieben zwischen Menschen. Zwischen Gottesliebe (Agape) und Menschenliebe (Eros) ist klar zu unterscheiden: die eine Gemeinschaft stiftend, selbst hingebend, radikal inklusiv; die andere partnerbezogen, körperlich leidenschaftlich, exklusiv. Doch es besteht ein Zusammenhang zwischen ihnen. Nicht so, dass ich mein eigenes begrenztes Lieben, mich selbst oder mein geliebtes Gegenüber romantisch idealisiere. Sondern so, dass mir in meinem endlichen Bemühen etwas begegnet, was mich und uns übersteigt. Der Grund dessen, dass wir überhaupt lieben können. Wie wir uns selbst – und einander – zeitlebens nie ganz verstehen, so bleibt auch die Tatsache, dass wir einander überhaupt lieben können, für uns ein Geheimnis.

Das heißt nicht, dass Lieben irrational oder unvernünftig sei. Aber es übersteigt die Komplexität eines einfachen Verstehens. Julian Barnes hat dies erzählerisch mit der dreifachen Ich-, Du- und Er-Perspektive verdeutlicht. Es geht um die Liebe des Liebenden, die Liebe zum Geliebten und zur Liebe selbst – was etwas Anderes meint als ein Verliebtsein in das eigene Lieben. Im Blick auf die Gottesliebe wird dies christlich durch den Gedanken der Trinität ausgedrückt: Gott begegnet mir im Angesicht dieses einen konkreten Menschen Jesus Christus, weil Liebe eben immer nur von Angesicht zu Angesicht erfahren werden kann; darin, so Gott will, erschließt sich mir die eine allumfassende Liebe als schöpferischer Grund allen Liebens; eine Wirklichkeit, die ich dann in mir selbst und anderen durch Gottes Geist als wirksam erfahre. Lieben ist nicht absurd. Aber es bestimmt mich selbst so fundamental, dass ich mit einem „Denken in Distanz" damit nicht zu Rande komme.

Deswegen braucht es eine andere Erkenntnishaltung. Noch einmal Paul:

> „Vielleicht war die Liebe niemals in einer Definition zu erfassen; sie war überhaupt nur in einer Geschichte zu erfassen." (S. 294)

Im Erzählen bin ich anders als bei der Definition unvermeidbar Teil der Geschichte. In ihr geht es um ein konkretes Gegenüber, ein einzigartiges Geschehen – kommt es eben doch auf Ort, Wetter und Milieus an. Das ist übrigens ein Problem des „Hohen Liedes der Liebe" (1. Kor 13), das bei Hochzeiten gerne zitiert wird:

> „Die Liebe ist langmütig und freundlich, die Liebe eifert nicht, die Liebe treibt nicht Mutwillen, sie bläht sich nicht auf, sie verhält sich nicht ungehörig,
> sie sucht nicht das Ihre, sie lässt sich nicht erbittern, sie rechnet das Böse nicht zu, sie freut sich nicht über die Ungerechtigkeit, sie freut sich aber an der Wahrheit; sie erträgt alles, sie glaubt alles, sie hofft alles, sie duldet alles." (V. 4–7)

So schön dies alles klingt, gibt es eben auch Situationen, in denen sich Lieben – göttliches wie menschliches – völlig anders äußert. Eindrücklich kommt dies am Ende des Liebesfilms „Nur die halbe Geschichte"[35] zum Ausdruck, als die verliebte Hauptdarstellerin Ellie Chu kurz vor Ende eine authentisch leidenschaftliche Gegenrede zu all diesen Attributen hält: „Love is messy and horrible and selfish ... and bold." (Liebe ist chaotisch und schrecklich und egoistisch ... und mutig.)

Vielleicht täte es unserem Verständnis des Geheimnisses gut, wenn wir das Wort stärker schonen würden, zumindest von Zeit zu Zeit. „Liebe" gehört wie „Gott" wohl zu den am häufigsten missbrauchten Begriffen, was wohl auch beides miteinander zusammenhängt. In früheren Zeiten wurde Agape entsprechend als „verbum arcanum" behandelt, ein verschlossenes, heiliges Wort, das sich einem erst in eigener existentieller Liebes– und Glaubenserfahrung erschließen muss.[36] So würde „Liebe" zu einem „Kreuz-Wort-Rätsel" der ganz anderen Art: Wenn es eben nicht um fünf Buchstaben senkrecht geht, sondern um die Begegnung mit der unbedingten Selbsthingabe Jesu Christi, in der, so der Glaube, die Liebe den Tod besiegt.

Synonyme

Zärtlich, zornig,

zusammen sein,

streiten, streicheln,

sehnen, verlangen,

wünschen, schwärmen,

brennen, beben,

leiden, lachen,

tanzen, trauern, träumen,

schenken, empfangen,

nur eins nicht:

gleichgültig.

9. Von SUVs, der Arche & Noahs fatalem Schweigen

Was soll man eigentlich zur Dringlichkeit des Umweltschutzes noch sagen, was wache Zeitgenossen nicht schon wüssten und was nicht schon hunderte Male gesagt wurde?

Wir wissen um die Existenz von „planetary boundaries", ökologischen Belastungsgrenzen der Erde im Zeitalter des Anthropozäns. Dazu gehört nicht nur die Klimakrise, sondern eben auch Bodennutzung, Abholzung, Verschmutzung durch Plastik, Süßwasserverbrauch, Versauerung der Ozeane, Artensterben u.a. Bei den meisten sind wir schon aus der grünen Komfort-Zone raus, bei vielen im tiefroten Bereich.

Wir wissen um die Existenz von „tipping-points", Umschlagpunkten, ab denen sich Domino-Effekte einstellen, die wir nicht mehr stoppen können. Wir wissen um die lange Wirksamkeit von einmal ausgestoßenen Schadstoffen – etwa, dass unser CO_2-Verbrauch Folgen für die nächsten 50/100 Jahre hat. Und dass sich umgekehrt auf Grund von Wechselwirkungen und nicht beachteten Einflüssen viele kritische Verläufe viel schneller ereignen können, als bisher angenommen. Dies alles würde selbst dann gelten, wenn wir das Pariser Abkommen konsequent und weltweit umsetzen würden, wonach es bei weitem nicht aussieht.

Wir wissen um ökologische Zukunftsszenarien, die vor einer unbewohnbar heißen Erde warnen (hothouse earth). Wir wissen um die reale Möglichkeit eines „evolutionary suicide", der Auslöschung der gesamten Menschheit – gerade indem wir uns individuell jede und jeder für sich evolutionär erfolgreich durchsetzen. Und dass deswegen an immer mehr Orten ein *„Klimanotstand"* ausgerufen wird. All diese Warnungen stammen dabei wohlgemerkt nicht von irgendwelchen Verschwörungstheoretikern und Untergangspropheten, sondern von einer breiten scientific community, etwa in dem Aufruf von ca. 11.000 Forscher/innen aus 156 Ländern in der Zeitschrift Bioscience Ende 2019, der seitdem weiter verschärft wurde.[37]

Wir leben in einer kognitiven Dissonanz höchster Ordnung: Einerseits besitzen wir ein wissenschaftlich gut fundiertes und gesellschaftlich breit geteiltes Wissen, dass unser gegenwärtiger Ressourcenverbrauch und Lebensstil bei gleichzeitig wachsender Weltbevölkerung sicher in Katastrophen ungeahnten Ausmaßes führen werden. Andererseits folgt unser tagtägliches Handeln weithin anderen Prioritätensetzungen. Wie stark ist meine Lebensführung privat wie beruflich wirklich von dieser Perspektive bestimmt? Im Folgenden möchte ich über diese kognitive Dissonanz nachdenken, indem ich mich auf zwei Fragen konzentriere: eine seltsame und eine existentielle. Zunächst die seltsame:

1) Warum sollen wir eigentlich das Klima bzw. die Umwelt schützen?

Dass wir die Umwelt schützen sollen, liegt ja irgendwie auf der Hand – schon aus unmittelbarem Eigennutz. Die Frage nach dem „Warum" scheint so etwas seltsam, wenn nicht überflüssig. Sie ist m.E. jedoch wichtig, wenn man zu wirklichen Einstellungsveränderungen kommen will. Drei Begründungsarten lassen sich grob unterscheiden.

a) Eine anthropozentrische Argumentation: Es geht beim Klima und Umweltschutz um die Erhaltung von uns selbst, des Lebens künftiger Generationen, der menschlichen Art insgesamt. Ein klassisches Beispiel dafür ist etwa Grundgesetz (GG) Art 20a, der bereits vor 26 Jahren ins GG aufgenommen worden ist.

> „Der Staat schützt auch in Verantwortung für die künftigen Generationen die natürlichen Lebensgrundlagen und die Tiere im Rahmen der verfassungsmäßigen Ordnung durch die Gesetzgebung und nach Maßgabe von Gesetz und Recht durch die vollziehende Gewalt und die Rechtsprechung."[38]

An dem Text fällt die umständliche Formulierung auf. Eigentlich sollten Gesetzestexte stets so knapp und präzise verfasst sein wie möglich. Was heißt es nun, dass wir die natürlichen Lebensgrundlagen und die Tiere schützen „im Rahmen der verfassungsmäßigen Ordnung durch die Gesetzgebung und nach Maßgabe von Gesetz und Recht durch die vollziehende Gewalt und Rechtsprechung"? Das ist merkwürdig redundant, dass man damals meinte, extra darauf hinweisen zu müssen, dass dieser GG-Artikel sich im Rahmen der Verfassung bewegen soll und dass sich die Exekutive dabei an Gesetz und Recht halten möge. Vereinfacht formuliert klingt das für mich so: „Übertreibt es mit dem Schutz der Lebensgrundlagen auch nicht. Wir schützen unsere Erde, soweit es nicht der Verfassung widerspricht." Die Rechtsprechung des Bundesverfassungsgerichts vom 24. März

2021 hat hier einen wichtigen Fortschritt gebracht, bleibt jedoch bei einer anthropozentrischen Sicht.

Zudem fällt der Hinweis auf die zukünftigen Generationen auf. Dieser Gesichtspunkt der „ökologischen Generationengerechtigkeit" prägt auch die aktuelle Diskussion. „Wir sind hier, wir sind laut, weil ihr uns die Zukunft klaut." Ich glaube allerdings, dass hier eine falsche Frontlinie zwischen den Generationen aufgebaut wird. „Dass es den Kindern und Enkeln einmal besser geht", ist der quasi evolutionäre Ur-Wunsch gerade von Eltern und Großeltern. Das zentrale Problem sehe ich nicht in einem inter-generationellen Egoismus à la „nach uns die Sintflut" – siehe allein „Omas for future". Was es allerdings in der Tat gibt, ist eine mit zunehmendem Lebensalter wachsende Pfadabhängigkeit und Normativität habitueller Verhaltensmuster – vulgo: „Altersstarrsinn". Siehe Fleischkonsum, Autofahren, Konsumverhalten der Baby-Boomer bzw. der „Generation Golf" (was für eine vielsagende Bezeichnung).

Ich glaube, dass der anthropozentrische Ansatz der Selbsterhaltung, inklusive der Verantwortung gegenüber künftigen Generationen, notwendig, aber nicht hinreichend ist. Die Begrenztheit dieses Begründungsansatzes zeigt sich etwa angesichts des sogenannten „Arguments der letzten Person": Was wäre, als ethisches Denkmodell, wenn ein globales Virus dazu führen würde, dass alle sieben Milliarden Menschen mit einem Schlag unfruchtbar würden und es keine künftige Generation nach uns mehr gäbe? Müssten wir eigentlich dann die Umwelt und das Klima auch noch schützen? Hat der Schutz der Natur einen nur funktionalen Wert oder ist er darüber hinaus intrinsisch begründet?

b) Eine patho-, bio-, physiozentrische Begründung: Klima und Umwelt sind demnach zu schützen, weil es das Leiden aller Kreaturen zu vermeiden gilt, weil das Leben an sich, unser Ökosystem erhaltenswert ist – auch unabhängig von uns Menschen. Ein klassisches Beispiel für diese Argumentation bietet etwa Albert Schweitzers Ansatz einer „Ehrfurcht vor dem Leben", den er vor fast genau 100 Jahren in seinen Straßburger Predigten entwickelt und dann lebenspraktisch umgesetzt hat: „Wir sind Leben, das leben will, inmitten von Leben, das leben will." Dieser Ansatz führt weiter, weil er eine funktionalistische Haltung zur Mitwelt überwindet, die Teil des Problems ist.

Doch auch diese Begründung stößt m.E. an Grenzen, weil sie oft von einer Empathie ausgeht, die selbst ambivalent ist. Nacktmulle etwa lösen allgemein weniger Empathie aus als Katzenbabys, was aber nichts über den Wert ihrer Erhaltung aussagt. Die Verbundenheit von Menschen und Natur wirft die Frage nach einer tiefergehenden Begründung auf.

c) Eine theozentrische Begründung: Umwelt und Klima sind zu schützen, weil es Schöpfungen Gottes sind. Und es wäre ein Zeichen äußersten Undanks, wenn wir – als Gäste „auf einem schönen Stern" – unseren Auftrag, die Erde zu erhalten, in sein Gegenteil verkehren würden. Klassisches Beispiel dieses Ansatzes sind etwa die beiden biblischen Schöpfungsberichte. Dieser Ansatz führt insofern weiter, weil er eine geistliche Letztbegründung bietet. Damit reicht er in Tiefenschichten der eigenen Person hinein.

Das Problem besteht hier jedoch darin, dass er nur für diejenigen Menschen leitend ist, die an Gott glauben. Zudem hat das sogenannte „dominium terrae", der Auftrag Gottes an den Menschen, eine sehr unterschiedliche Wirkgeschichte gehabt. Das

„machet euch die Erde untertan und herrschet über sie" ist lange Zeit ausgelegt worden als Legitimation zur Herrschaft über die Natur, ja zu gottgewollter Ausbeutung und zu Besitzrechten des Menschen. Die Gefahr ist, dass auf diesem Wege ein problematisches anthropozentrisches Denken wiederkehrt. Heute werden die Aussagen des Schöpfungsberichts dagegen, exegetisch treffender, als treuhänderischer, fürsorglicher Bewahrungsauftrag verstanden. Im Sinne eines: „Kümmert euch um die Erde und sorgt für sie." Entscheidend bei diesem Ansatz ist, wie wir uns selbst in Beziehung zu Gott verstehen. Damit sind wir bei der geistlich-existentiellen Frage.

2) Wer wollen wir eigentlich sein – angesichts des Klimawandels?

Drei biblische Identifikationsfiguren – von aktueller Relevanz.

a) Wir sind Noah. Also: Die Katastrophe kommt. Unsere Aufgabe ist es, uns selbst und unsere Liebsten zu retten, da wir sicherlich zu den schützenswerten Auserwählten gehören. Dies ist die „SUV-Religiosität" unserer Tage. Anders lässt sich m.E. der irrationale Boom dieses Automodells in Zeiten des Klimawandels schwer erklären. Es sind fahrende Archen, die dem zivilreligiösen Imperativ folgen: „Rette deine erweiterte Kleinfamilie, so lange es noch geht."

Nun ist bei der Sintflut-Erzählung eine Sache hoch interessant: Noah spricht in der ganzen Geschichte kein einziges Wort. In drei langen Kapiteln. Man muss sich das vorstellen: Gott sagt, dass er die Welt vernichten will und Noah sich eine Arche bauen soll. Und Noah tut es. Er widerspricht Gott nicht, versucht nicht, mit ihm zu verhandeln, legt sich nicht ins Zeug, um vielleicht noch wenigstens ein paar andere zu retten. Nichts. Nun kann man natürlich sagen, dass sich mit dem Höchsten schlecht verhandeln lässt. Auffälliger Weise ist aber die Begründung, die Gott am Anfang für die Sintflut anführt, genau dieselbe, die Gott später dafür nennt, warum es keine Sintflut mehr geben soll: „Das Dichten und Trachten des menschlichen Herzens ist böse von Jugend an." (1. Mose 6,5; 8,21) Hätte Noah da nicht eine Chance gehabt, Gott abzuhalten? Und markanter Weise wird sich die Situation Noahs in ähnlicher Weise später noch einmal wiederholen: Als Mose oben auf dem Sinai ist und die Sache mit dem goldenen Kalb passiert, bietet Gott ihm an, dass er ganz Israel vernichten will, um mit ihm, Mose, ein neues Volk zu gründen. Doch Mose schlägt aus. Er fällt Gott in den Arm, sagt ihm, dass er das nicht machen dürfen. Und Gott lässt sich überzeugen. „Ach, wenn Du doch geredet hättest, Noah, anstatt einen urzeitlichen SUV zu bauen!"

Nach der Geschichte mit dem Regenbogen heißt es, wird Noah dann der erste „Weinbauer". Was für eine Verharmlosung! Folgt man der biblischen Erzählung, so handelte es sich eher um ein posttraumatisches Koma-Saufen – bei dem Noah am Ende besinnungslos und nackt im Zelt liegt und von seinen Söhnen zugedeckt werden muss. Noah steht für mich für eine Haltung fatalistischer Religiosität, die den Untergang als gegeben hinnimmt und in familien-egoistischer Weise versucht, seine Liebsten und sich selbst abzuschotten, anstatt mit Gott um den Erhalt der Schöpfung zu streiten.

b) Wir haben ein prophetisches Wächteramt. Diese Identifikationsfigur ist zum Teil in kirchlichen Kreisen beliebt. In der Tat muss man sagen, dass sich die Kirchen seit Langem und nachdrücklich für Umweltschutz und die Bewahrung der Schöpfung eingesetzt haben. Ökumenisch sind hier der konziliare Prozess des Ökumenischen Rats der Kirchen in den 80er und 90er Jahren und die folgende Dekade zur Überwindung von Gewalt von 2001 bis 2010 zu nennen. Die prägenden Leitworte waren damals Frieden, Gerechtigkeit und Bewahrung der Schöpfung – was schon damals die soziale Einbettung allen ökologischen Engagements aufzeigt. Dieser Einsatz hat viel bewirkt.

Dennoch plädiere ich sehr für eine demütige Zurückhaltung im Blick auf die institutionelle Inanspruchnahme eines prophetischen Wächteramtes. Also: Jesaja ging drei Jahre nackt und nannte seine Kinder „Eile-Beute, Raube-Bald" und „Ein Rest kehrt um". Jeremia zerschmetterte Tongeschirr, schleppte ein Joch durch Jerusalem und geriet mehrfach in Todesgefahr. Ezechiel lag erst 390 Tage auf der linken Seite, dann 40 Tage auf der rechten Seite. Er aß Schriftrollen und schor sich den Kopf kahl. Prophetin bzw. Prophet sein ist ein existentielles Widerfahrnis, kein Job. Zum Propheten wird man von Gott berufen. Man macht sich nicht selbst dazu. Und Prophetin zu sein, ist etwas anderes als die Abfassung kirchlicher Verlautbarungen. Gerade im Blick auf die Person Greta Thunberg stellt sich mir die Frage, ob es angesichts des Klima-Wandels andere Formen prophetischer Zeichenhandlungen und existentieller Vollzüge braucht. Dies kann in einer medialen Gesellschaft leicht zur Überbelastung einer individuellen Person führen. Aber wir brauchen Menschen, die solche Zeichen setzen. Und wir stehen vor der Herausforderung, eine Generation zu begleiten, die zu Recht an der kognitiven Dissonanz der Gesellschaft zu verzweifeln droht. Mit unserer herkömmlichen Form institutionalisierter religiöser Rede werden wir sie nicht erreichen.

c) Wir sind ökonomische Realisten. Eine solche realpolitische Haltung angesichts des Klimawandels lautet, dass die ökologischen Anliegen mit den ökonomischen austariert, abgeglichen, abgewogen werden müssen. Nun halte ich es für vollkommen richtig, dass wir für den notwendigen fundamentalen gesellschaftlichen Wandel eine starke Wirtschaft brauchen, in Deutschland wie in Europa. Eine grundlegende Änderung wird nur mit vereinten Kräften gelingen können.

Die Problematik dieser Haltung sehe ich aber darin, wenn ökonomische Interessen zur Relativierung ökologischer Herausforderungen genutzt werden. Pointiert formuliert: Es geht darum, dass die Ökonomie ökonomischer sein soll, gerade indem sie radikal ökologisch denkt. Die größten ökonomischen Verluste der letzten Jahre haben wir dadurch erlitten, dass die Wirtschaft sich nicht ökologisch verhalten hat. Und es kann doch nicht sein, dass der Verbrauch sog. „common goods" wie Luft, Wasser, Böden, Rohstoffe nichts kostet oder himmelschreiend günstig ist. Es kann doch nicht sein, dass die ökologischen Folgen von Produktion, Handel, Dienstleistungen sozialisiert und die Gewinne privatisiert werden. Hier braucht es wirklich umfassende Vollkosten-Kalkulationen und entsprechende strukturelle Rahmenbedingungen. Oder kurz gesagt: Ökonomischer müssten mir die Ökonomen sein, indem ökologische Folgekosten konsequent einbezogen werden.

Das biblische Leitbild dafür ist für mich Jesu Gleichnis vom reichen Kornbauern (Lk 12). Der Kornbauer macht reiche Gewinne, erweitert die Scheunen, will sich zur Ruhe setzen – und dann heißt es: „Aber Gott sprach zu ihm: Du Narr! Diese Nacht wird man deine Seele von dir fordern. Und wem wird dann gehören, was du bereitet hast?" Übertragen in Zeiten des Klimawandels: Es ist einfach unsinnige und schlechte Ökonomie, wenn am Tag des ökologischen Kollapses die Börsenwerte des eigenen Unternehmens diejenigen aller Konkurrenten übertreffen. Dann haben wir alle etwas falsch gemacht – nicht nur ökologisch, auch ökonomisch. Wir sollten daher aufhören, ökologische und ökonomische Anliegen als Konflikt zu denken. Stattdessen gilt es, sich für möglichst hohe strukturpolitische Standards in Sachen Umweltpolitik einzusetzen. Und zwar auch dann, wenn dies in anderen Teilen der Welt noch nicht mitvollzogen wird.

Zum Schluss ein paar kurze Impulse, was das konkret für meinen Alltag bedeuten kann:

Ehrlich werden mit mir selbst: Für den Umgang mit der kognitiven Dissonanz ist entscheidend, wer ich eigentlich sein will: vor Gott, vor mir selbst, vor meinen Kindern und Nachkommen. Was ist mir eigentlich wirklich wichtig im Leben? Was leitet mich privat wie beruflich? Und wie würde ich eigentlich handeln, wenn ich lebe, was ich glaube?

Maximal ambitionierte Graustufen: Bei der Ökologie ist es wie im Leben sonst: Es gibt nicht nur Schwarz und Weiß, sondern eine Menge dazwischen. Deshalb braucht es individuell wie gesellschaftlich „maximal ambitionierte Graustufen". Wenn ich nicht ganz auf Fleischessen, Flugreisen, Plastikkonsum verzichten kann oder will, ist es gut, solche Forderungen deswegen nicht ad absurdum zu führen – á la: „Schau mal, Greta ist ja auch mit

Plastikbesteck." Statt eines moralischen Overkills brauchen wir motivierende Beispiele kreativer Alternativen.

Mut zu prophetischen Zeichenhandlungen. Ökologische Texte (wie auch dieser) sind weiter wichtig, aber von der Kirche kommunikativ erwartbar und in ihrer Wirkung überschaubar. Es braucht mehr Mut zu Zeichenhandlung. Wir müssen versuchen in aller Gebrochenheit zu leben, was wir glauben. Und es wäre gut, wenn junge Engagierte dafür gerade in den Gemeinden geistliche Heimat erfahren.

In Verantwortung für Katharina und Sebastian. Die Kinder von meiner Frau und mir sind, während ich dies schreibe, 17, 14 und 12. Pubertär pur. Enkel sind noch in weiter Ferne. Aber ich stelle mir vor, dass es sie einmal geben wird. Katharina und Sebastian, irgendwann, vielleicht. Und es verändert mein Denken und Handeln, wenn ich mir konkret vorstelle, was ich für sie tun will. Und für meine Ur-Enkel: Merle und Jonathan. Wir sollten die Ökologie sehr persönlich nehmen.

Die heilsame Perspektive der Ewigkeit Gottes. Als Christen glauben wir, dass alles, was wir hier auf Erden tun, im Guten wie im Schlechten, eingezeichnet ist die Ewigkeit Gottes. Es ist bewahrt in der ewigen Liebe Gottes. So wie die Wundmale und die Salbungen am Leib Christi. Das meinen wir, wenn wir von Auferstehung und jüngstem Gericht sprechen. Es wäre – auch schon aus sportlichen Gesichtspunkten – sicher gut, wenn wir gemeinsam nicht gerade als die Generation in die Ewigkeit Gottes eingehen, die die Sache mit der Schöpfung am Ende vermasselt hat.

10. Einander Priester/-in sein in Zeiten der Pandemie

Wir leben in dünnhäutiger Zeit. Die Corona-Zahlen schnellen im Herbst 2020 wieder nach oben. Und kaum verheilte Wunden und Traumata des Lockdowns im Frühjahr reißen wieder auf: „Nicht schon wieder!" Die Sorge, wenn Kitas, Schulen, Arbeitsplätze, Orte der Freizeit wieder geschlossen werden. Am Arbeitsplatz wie im Privaten kommt es so leichter zu Konflikten – einfach, weil die Nerven blank liegen. Bei der ersten Welle haben ja fast alle sehr verantwortlich und diszipliniert mitgemacht. Eine beeindruckende gemeinschaftliche Leistung! Jetzt aber kommen auch die Erinnerungen daran wieder, welche Belastungen das für viele bedeutet hat – seelisch, familiär, finanziell. Und im März 2020 war zudem Frühlingsanfang. Das Wetter wurde schöner, die Natur half mit. Erst standen die Oster-, dann die Sommerferien an. Jetzt gehen wir auf den November zu, der – auch ohne Corona – nicht eben zu den Wonnemonaten zählt. Volkstrauertag, Buß– und Bettag, Ewigkeitssonntag. Da können leicht schon einmal apokalyptische Gefühle hochkommen.

Nun gibt es ein Buch in der Bibel, dessen besondere Stärke in der Verarbeitung solcher apokalyptischen Gefühle und Ängste liegt: die Offenbarung des Johannes, die letzte Schrift im Neuen Testament, entstanden in der Zeit der Christenverfolgung. In ihr wimmelt es von starken Bildern und Texten – mal ermahnend, mal tröstend, immer voll Kraft und Leidenschaft. Es geht um Sendschreiben an sieben Gemeinden im damaligen Kleinasien, um ein Buch mit sieben Siegeln, die von dem Lamm (dem auferstandenen Christus) geöffnet werden, sieben Posaunen, deren Schall mit kosmischen Katastrophen einhergeht, dem Kampf von diabolischen (Drachen, die beiden Tiere) und himmlischen Kräften, das Jüngste Gericht, die „Hure Babylon" und – am Ende – die wunderschöne, unbedingt lesenswerte Vision von einem neuen Himmel und einer neuen Erde (Kap. 21f.). Das Ganze ist sehr persönlich verfasst in der Ich-Perspektive, aus Sicht des Sehers Johannes, der „um des Wortes Gottes und des Zeugnisses Jesu Christi willen" verbannt auf der Insel Patmos lebt (1,4.9; 22,8). Bei ihm handelt es sich ziemlich sicher nicht um den Evangelisten oder den Lieblingsjünger Jesu, mehr um eine Art frühchristlichen Propheten. Er berichtet von den tiefgreifenden Visionen und Auditionen, die ihm in der Begegnung mit einem Engel widerfahren. Es sind bewegende Texte, entstanden aus dem politisch erzwungenen „Lockdown" eines Menschen, der seine Geschwister im Glauben durch seine religiösen Erfahrungen zu trösten und zu stärken versucht.

Vielleicht ist es kein Zufall, dass das innovative Übersetzungsprojekt „Frankfurter Neues Testament" in 2020 mit der Veröffentlichung gerade dieses Buches gestartet ist.[39] Der Neutestamentler Stefan Alkier und der Altphilologe Thomas Paulsen eröffnen einen neuen Blick auf die Apokalypse, indem sie versuchen, den Text jenseits unserer üblichen christlich-theologischen

Vorverständnisse bewusst im Kontext der damaligen Zeit zu übersetzen. Damit widersprechen sie heilsam einer platten Vereinnahmung gerade solcher Texte durch die aluminium-behuteten, selbsternannten „Untergangspropheten" unserer Tage. [40] Als wäre die Pandemie mit all ihren belastenden Umständen nicht schon anstrengend genug, kann einem solches Unsinns-Gerede von Weltverschwörung, Bill-Gates-Chips und WHO-Kartellen ziemlich auf die Nerven gehen.

In den sieben Sendschreiben am Anfang (Kap. 2f.) werden die Gemeinden mit ihren Stärken und Schwächen konfrontiert. Beides tritt in Krisen-Zeiten deutlicher zu Tage. Das kennen wir auch aus der Pandemie. Krisen wirken wie Lupen, Brenngläser des einen wie des anderen. Und es sind Zeiten des Umdenkens, in denen es wichtig ist, das Gute zu pflegen und das Un-Gute zu lassen. Eine Formulierung aus dem fünften Sendschreiben an den „Engel der Gemeinde in Sardes" hat mich in der letzten Zeit beschäftigt. Da heißt es zunächst ziemlich harsch, konfrontativ: „Ich kenne deine Werke: Du hast den Namen, dass du lebst, und bist tot." (3,1) Okay, Mut zu harten Wahrheiten, der Konflikt von Straßen– und Hausgesicht. Auch das kann es brauchen, wenn etwa das permanente Home-Office etwas mit einem macht, was einfach nicht gut ist. „Zooming alone" ohne die so wichtigen kleinen Begegnungen zwischendurch ist keine „artgerechte Haltung". Das tut uns weder als Einzelnen noch als Gemeinschaft auf Dauer gut. Wie wertvoll der Kaffee-Plausch ist, spüren wir erst, wenn er fehlt.

Doch erst danach kommt der, wie ich finde, wunderschöne, mich berührende Satz: „Werde wach und stärke das andre, das schon sterben wollte (...)." (3,2) Was für eine starke Vorstellung!

Seid für einander Priesterin, Prophet, Seelsorgerin in Zeiten der Pandemie. Habt im Blick, wenn eure Partnerin, euer Kollege, die Kinder, Eltern, Nachbarn an ihre Grenzen stoßen. Lasst nicht zu, dass einer von uns verlorengeht.

In den Medien wurde im letzten halben Jahr mitunter Kritik geäußert, dass die verfasste Kirche zu wenig sichtbar und hörbar sei. Die Frage nach der Systemrelevanz. „Das müsste doch jetzt eure Stunde sein." Nun haben die Gemeinden und Mitarbeitenden in den letzten Monaten Immenses geleistet – kreative Aktionen, Seelsorge im Persönlichen, neue digitale Angebote, geistliche Begleitung. Wie überall gab es auch hier „work in progress" mit dazugehörendem Gelingen und Scheitern. Dennoch nehme ich solche Kritik immer sehr ernst, weil ja die Frage ist, was wir als Kirche hätten besser machen können und was davon bei anderen ankam oder auch nicht. „Deine Wahrnehmung ist deine Wirklichkeit." Und in der Kritik spiegelt sich ja eine positive Erwartung – auch wenn mir die Intention, religiöser Krisengewinnler zu sein, widerstrebt. Mein Problem steckt aber vor allem in dem „eure". Ich halte es für einen verengten Blick, wenn in dieser Zeit religiös nur auf die institutionell verfasste Kirche geschaut wird. Gerade zum evangelischen Selbstverständnis gehört ja die Idee des „Priestertums aller Getauften". Und wir sind über 20 Millionen Priester/innen – wenn man allein auf die evangelischen Kirchenmitglieder in Deutschland schaut. In der Zeit der Pandemie können die familiär-häuslichen Glaubensgemeinschaften eine neue Bedeutung bekommen – wie in urchristlichen Zeiten, wenn damals von den Gläubigen in ihren „Häusern" die Rede war.

Corona wirft religiös für mich so vor allem die Frage auf nach dem wechselseitigen Zuspruch und der Tröstung unter uns Geschwistern. „Werde wach und stärke das andre, das schon sterben wollte (...)." Nach evangelischer Auffassung ist – neben Predigt, Taufe und Abendmahl – dieser geschwisterliche Zuspruch eins der wesentlichen Kennzeichen der Kirche (so in den Schmalkaldischen Artikeln 1537, Art. III,4): das priesterliche, prophetische, seelsorgliche Dasein aller Christ/innen füreinander. Das Evangelische Gesangbuch, das eben nicht nur für den sonntäglichen Gebrauch gemacht ist, bietet für solch eine familiär-häusliche Glaubenspraxis viele Hilfen an: Psalmen, Gebete, Anleitungen für stille Zeit. Es wäre etwas Gutes im Schlechten, wenn die Pandemie auch dazu führen kann, dass wir neu entdecken, was wir geistlich aneinander haben. Wenn sie dazu beiträgt, religiös wach zu werden und stärkend für andere da zu sein.

Füreinander Priesterin sein

Unterbrich mich heilsam,
wenn ich wieder im und am Rad drehe.
Ruf mich zu Vernunft und Besinnung.
Sag mir, was ich mir selber nicht sagen kann:
dass ich geliebt, wundervoll, frei bin.
Lies mir vor aus den alten Geschichten,
von Wüsten und Wundern,
vom neuen Himmel und der neuen Erde,
vom Gott der Liebe, der über mir, um mich, in mir ist.
Brich mir das Brot, wenn es Abend wird.
Zünd eine Kerze an.
Zeichne ein Kreuz auf meine Stirn, bevor ich schlafe.

Bete mit mir, für mich, wenn ich es selbst nicht mehr kann.

Lass uns schweigen, wenn uns beiden die Worte fehlen.

Halt mich, meine Hand.

Sei einfach da.

11. „WIE LANGE NOCH ..."
Corona, die Odyssee & die Sache mit der Geduld

Geduld ist nicht meine Stärke. Ich hasse es, im Stau zu stehen, wenn Updates ewig lang hochladen, von Warteschleifen bei Telefon-Hotlines ganz zu schweigen. Aktuell ist die Dauerschleife mit Corona für mich eine echte Anfechtung. Dabei gehöre ich noch nicht einmal zu den Menschen, die davon bisher gesundheitlich bzw. familiär besonders betroffen waren oder jetzt in ihrer wirtschaftlichen Existenz gefährdet sind. Angesichts der Entwicklung der Infektionszahlen halte ich es auch für notwendig, dass jetzt verschärfte Schutz-Maßnahmen getroffen wurden. Trotzdem kann einem das Virus ziemlich auf die Nerven gehen, mir zumindest. Wenn die beruflichen und privaten Planungen für die nächsten Wochen wieder alle über den Haufen geworfen werden – etwa die sorgfältig entwickelte „kleine Pandemie-Normalität", die wir bei der Arbeit oder zu Hause aufgebaut haben.

Nun umweht den Begriff „Geduld" allgemein etwas Mottenkugeliges. Er riecht nach Moral, Tugend, passiver Dulderhaltung. Heute ist eher von „Resilienz" die Rede im Blick auf die psychischen Ressourcen eines Menschen, Widerständen zu begegnen, seine entsprechende Konstitution und Kompetenzen.

Im Sport spricht man von Steher– oder Nehmerqualitäten. Wie oft bei alten Wörtern lohnt sich auch bei „Geduld" das Abstauben, speziell für meinen eigenen Umgang mit Corona.

„Geduld" hat zum einen eine zeitliche Komponente: Es geht ums „warten können", dass Wünsche von mir aufgeschoben, Sehnsüchte noch nicht erfüllt werden. Zum anderen beinhaltet es ein Element äußerer körperlicher Haltung, in der sich eine innere Einstellung spiegelt: etwas Widrigem wird widerstanden, ich ertrage es, halte es aus, stehe es durch. Ein anderes Zeitempfinden und eine veränderte Körper-Haltung. Beides spiegelt sich auch in den zwei griechischen Begriffen, die von Luther im Neuen Testament mit Geduld übersetzt worden sind:

Hypomonē meint wörtlich das „Darunter-Bleiben", also in einer belastenden Situation stand– und durchzuhalten, statt sich ihr durch Flucht zu entziehen. Das andere griechische Wort makrothymía bedeutet eigentlich „Lang-Mut", also so etwas wie Ausdauer. „Darunter-Bleiben" und „Lang-Mut": Die Begriffe spiegeln etwas von meinem Alltags-Empfinden im Verlauf des Jahres 2020 wider – Pandemie in Permanenz.

Wenn ich die widrigen Umstände nicht verändern kann, sind meine Zeitwahrnehmung und meine innere wie äußere Haltung das, was ich ändern kann. Oder besser gesagt: was ich anders beeinflussen lassen kann. So wie in dem oft zitierten und variierten „Gelassenheitsgebet" (serenity prayer), das der amerikanische Theologe Reinhold Niebuhr im Kontext des Zweiten Weltkrieges verfasste:

> „Father, give us
> courage to change what must be altered,

serenity to accept what cannot be helped,

and the insight to know the one from the other."[41]

Wichtig daran finde ich, dass es sich tatsächlich um ein Gebet handelt: Der Sinneswandel hin zur „serenity to accept" steht nicht einfach in meiner Möglichkeit. Es geht zudem um Bitten, die nicht nur den Einzelnen, sondern die Gemeinschaft im Blick haben: „give us". Und Geduld wird dabei äußerst aktiv verstanden, verbunden eben mit weiser Unterscheidungsfähigkeit und dem „courage to change" – derjenigen Dinge, die politisch nicht nur verändert werden können, sondern müssen („must").

Wichtig für geistliche Geduld sind dabei neben dem Gebet vor allem Geschichten. Erzählungen von Menschen, die zu anderen Zeiten widrigste Umstände beispielhaft bestanden haben, die von solchem „Darunter-Bleiben" und „Lang-Mut" handeln. Eine der großen abendländischen Meister-Erzählung in dieser Hinsicht ist die Odyssee des Homer. Die epische Dichtung erzählt in 24 Gesängen von den Irrfahrten des Odysseus, des listigen Königs von Ithaka, und seiner dahinschwindenden Gefährten während der zehn Jahre dauernden Heimreise vom trojanischen Krieg. So im Auftakt des ersten Gesangs[42]:

„Sage mir, Muse, die Taten des vielgewanderten Mannes,
Welcher so weit geirrt, nach der heiligen Troja Zerstörung,
Vieler Menschen Städte gesehn, und Sitte gelernt hat,
Und auf dem Meere so viel unnennbare Leiden erduldet,
Seine Seele zu retten und seiner Freunde Zurückkunft."

Er kämpft mit seinen Gefährten gegen widrige Winde, verlockende Drogen (bei den Lotophagen), den Zyklopen Polyphem und die fleischfressenden Laistrygonen. Er wird von der Zauberin Kirke und der Nymphe Kalypso festgehalten, widersteht den Sirenen, segelt zwischen Skylla und Charybdis hindurch. Am Ende kehrt er als Bettler verkleidet heim und befreit mit seinem Sohn Telemachos, der ihn gesucht hat, seine Frau Penelope und sein Haus von den Freiern, die sie belagern.

Das menschliche Leben: wie ein brüchiges Floss auf dem Meer, ein Spielball der Wellen wie der streitenden Götter. Doch zugleich ein Mensch, der sich mit seinem Schicksal nicht abfindet. Der kämpft, scheitert, wieder aufbricht, erneut strandet. Der fromm ist und mit Lügen trickst. Der Versuchungen widersteht und erliegt. Der sich als „Niemand" ausgibt, sich selbst, seine Identität, seinen Namen verliert, um sie erst am Ende wirklich zu erlangen: als der, der die Irrfahrt seines Lebens, die nach ihm benannte Odyssee, überstand.

Darin drückt sich aus, worum es bei Geduld eigentlich geht: wer ich selber bin, als wer ich mich im Darunter-Bleiben, Aushalten, Widerstreiten erweise. Und wie ich mich zu denen verhalte, die mit mir auf einem Floß unterwegs sind oder mir unterwegs an fremden Küsten begegnen.

Jens Spahn sagte im April 2020 den vorausschauenden Satz: „Wir werden in ein paar Monaten wahrscheinlich viel einander verzeihen müssen."

Weil die Monate der Pandemie eben auch eine Odyssee sind, eine „Irrfahrt", die uns selbst auf eine „Gedulds-Probe" stellt: Wer sind wir? Woran glauben wir? Wie gehen wir miteinander um?

Geduld

Ich habe sie nicht.

Doch ich will sie üben.

Will streiten, warten,

hoffen, lieben, kämpfen.

Für uns, die Fremden, Dich und mich.

So lange, wie die Wochen sich dehnen.

Bis ich werde, der ich vor Dir schon bin.

Darum bitte ich Dich um nichts

als nur um sie,

weil ich sie immer wieder verlier.

12. Verlieren lernen

Ein geistlicher Perspektiv-Wechsel,

nicht nur für Präsidenten

„Winning is easy. Losing is never easy. Not for me. It's not." Vielleicht war dies einer der aufrichtigsten Sätze, die Donald Trump während der Wahlnacht vom dritten auf den vierten November 2020 geäußert hat. Dabei gehört dies zu den fundamentalsten Fähigkeiten eines jeden Politikers in einer Demokratie überhaupt: verlieren zu können, ohne verlieren zu wollen. Ohne das ergeben Wahlen – frei, gleich, geheim, direkt – schlicht keinen Sinn. Nur, wer von Macht lassen kann, ist geeignet, sie in einer Demokratie innezuhaben. Stellvertretend, befristet, begrenzt, verantwortlich. Das klassische, antike Vorbild dafür ist Solon. Als Wegbereiter der attischen Demokratie versagte er sich den möglichen Griff nach der Alleinherrschaft (Tyrannis) und verließt Athen bewusst nach der von ihm vollbrachten Reform.

Nun ist Trump mit seinem Problem keineswegs allein. Das zeigte etwa Erdogans gescheiterter Versuch, die Bürgermeister-Wahlen 2019 in Istanbul umzukehren, von Lukaschenko und seinem gewaltsamen Kleben an der Macht in Belarus ganz zu schweigen. Andere Autokraten wie Putin lassen es gar nicht erst so weit kommen. Die Nächte nach freien Wahlen sind Stern-stunden echter Demokratie, wenn eine zivilisiert-friedliche Machtübergabe gelingt – oder aber Momente scheindemokrati-scher Selbstinszenierung. In diesen Stunden und Tagen offen-bart sich noch einmal die ganze Problematik des fehlenden De-mokratie-Verständnisses, das Trump während seiner gesamten Präsidentschaft geleitet hat.

Verlieren zu lernen, ist ein wichtiger Schritt in der frühen Per-sönlichkeitsentwicklung eines Kindes. Dass dies in Trumps Er-ziehung scheinbar anders gelaufen ist, hat seine Nichte Mary L. Trump in „Too much and never enough" noch einmal darge-legt.[43] Es gehört zu einer gesunden Form des Egos, aushalten zu können, nicht immer im Zentrum zu stehen und fair zu verlie-ren. Ich kann viel damit anfangen, wenn Menschen leidenschaft-lich spielen, kämpfen, gewinnen wollen. Alles andere wäre auch langweilig. Aber ans Ende gehört das faire „Shake Hands". Ein wichtiger Gedanke, der für alle Bereiche des Lebens gilt: Die Freiheit, dass auch der andere siegen kann, begrenzt nicht meine Freiheit, sondern ermöglicht sie erst. Ansonsten zerstöre ich das Spiel. Oder anders formuliert: Autokraten haben keine Freunde, sondern nur Follower oder Feinde. Das gilt besonders für eine Medien-Gestalt wie Trump, der eigentlich nicht in Kategorien von „Wähler", sondern von „Anhängern" denkt.

Klar ist, dass es im politischen Alltag ums Gewinnen geht, gerade in Wahlkampf-Zeiten. Die Demokratie lebt vom Wettbe-werb unterschiedlicher Ideen. Und Wählerinnen und Wähler er-warten zurecht Personen, die ihre Anliegen durchsetzungsstark vertreten können. Politik ist ein Spiel auf Sieg. Zugleich brauchen Menschen in wichtigen politischen Ämtern aber auch die Kompetenz, verlieren zu können. Sie ist politisch wichtig, weil wir als Menschen immer fehlbar sind. Weil eine Politikerin das höhere Gemeinwohl vom Eigennutz unterscheiden können muss. Weil es die Grenzen von Amt und Person zu beachten gilt, die aber mit den Jahren leider oft gefährlich verwischen. Nicht verlieren zu können, ist Ausdruck eines gefährlichen Differenz-Verlustes. In Bezug auf Trump hat dies ein Kommentator in der FAZ gut beschrieben: Trump lüge eigentlich nicht. Für ihn verschwämmen nur die Grenzen zwischen Selbstinszenierung und Realität.[44]

Im christlichen Glauben gibt es nun eine dezidiert andere Sicht auf das Phänomen des „Verlieren-Könnens". Ein politisches Manifest im Sinne konkreter Handlungsanweisung lässt sich aus ihnen sicher nicht entwickeln. Wie wichtig der Glaube aber gerade auch für eine politische Haltung ist, zeigen zwei Szenen aus dem Umfeld der amerikanischen Präsidentschaftswahlen: Auf der einen Seite Joe Biden. Am Dienstag besuchte er nach einem Gottesdienst auf dem Friedhof in Wilmington die Gräber seines Sohnes Beau, der mit 46 Jahren an einem Gehirntumor verstarb, und seiner ersten Frau Neilia und ihrer gemeinsamen Tochter Naomi, beide bei einem Unfall umgekommen. Zeichen eigener biographischer Verletzlichkeit. Auf der anderen Seite das Gebet von Paula White, der spirituellen Beraterin (presidential spiritual adviser) von Donald Trump mit Sitz im Weißen Haus: „Strike and strike and strike and strike [...], until you have victory." „I hear victory."[45] Auch bei einer möglichen anderen politischen Sichtweise hat diese inszenierte Ekstase für mich nichts, aber auch gar nichts mit dem Glauben an den gekreuzigten Christus zu tun. Das lässt sich auch nicht als „evangelikal" bezeichnen. Das ist schlicht eine parteipolitische Instrumentalisierung von Gebet, Geist, Glaube, Gott im Sinne eines „Wohlstandsevangeliums" – sprich Gotteslästerung.

Für ein anderes Verständnis des „Verlieren-Könnens" gibt es ein uraltes Lied. Es ist eines der ältesten christlichen Lieder überhaupt und stammt aus den Jahren der ersten christlichen Gemeinden, irgendwann zwischen 30 und 40 n. Chr. Paulus zitiert diesen Hymnus auf Christus in seinem Philipperbrief (2,6–11). Und durch die Worte, mit denen er ihn einleitet, macht er deutlich, dass in diesem Lied für ihn die Quintessenz christlichen Lebens enthalten ist: „Seid so unter euch gesinnt, wie es der Gemeinschaft in Christus Jesus entspricht." Und dann folgt in der alten, uns oft fremden Form der Psalmen Israels dieses Lied:

> „Er, der in göttlicher Gestalt war,
> hielt es nicht für einen Raub, Gott gleich zu sein,
> sondern entäußerte sich selbst
> und nahm Knechtsgestalt an,
> ward den Menschen gleich
> und der Erscheinung nach als Mensch erkannt.
> Er erniedrigte sich selbst
> und ward gehorsam bis zum Tode,
> ja zum Tode am Kreuz.
> Darum hat ihn auch Gott erhöht
> und hat ihm den Namen gegeben,
> der über alle Namen ist,
> dass in dem Namen Jesu sich beugen sollen

aller derer Knie,

die im Himmel und auf Erden

und unter der Erde sind,

und alle Zungen bekennen sollen,

dass Jesus Christus der Herr ist,

zur Ehre Gottes, des Vaters."

Sich aus Liebe für andere selbst hingeben: Das ist nach Paulus die Pointe allen christlichen Lebens. Und das ist es, was Christus zum Weltenrichter qualifiziert: die unbedingte Bereitschaft, sich selbst aus Liebe zu verlieren. Nur wer Gott und sich selbst so verloren hat, ist davor gefeit, den Stab über andere zu brechen. Paulus unterstreicht dies, indem er – wie viele Ausleger vermuten – den Tiefpunkt des Todes noch einmal durch einen kleinen Einschub in das Lied betont: „ja zum Tode am Kreuz".

„Aus Liebe zu anderen verlieren lernen" – das ist es, was Jesus lehrte und lebte: angefangen bei vielen seiner Gleichnisse über seine radikal gelebte Nächsten– und Feindesliebe bis hin zu seinem Tod am Kreuz. Und Gott selbst, so glauben wir als Christinnen und Christen, lässt sich am ehesten beschreiben als eine Liebe, die sich für andere verliert (1. Joh 4,16). Damit kann „Verlieren" für uns in bestimmten Situationen ein anderes Gesicht gewinnen. Dann nämlich, wenn sich darin eine Liebe zu anderen ausdrückt. Die Fähigkeit, sich selbst zurückzunehmen. Oder eben fair verlieren zu können. Letzteres ist nicht nur christlich geboten. Es gehört sich auch in einer Demokratie – besonders in Nächten nach einer Wahl.

13. WIDER DIE EINSAMKEIT
Während Corona Geschwister entdecken

Corona kann einem aus verschiedenen Gründen auf die Nerven gehen. Einsamkeit ist einer davon. Mir fehlen Menschen. Die „kleinen Begegnungen zwischendurch" im Alltag. Das Grüßen, Grummeln, Plaudern, Lächeln der anderen im Büro. Die vibrierende Atmosphäre, wenn viele Besucherinnen zu einer Veranstaltung in die Akademie kommen. Die halb bekannten Gesichter, denen ich sonst auf meinem Arbeitsweg begegne. Von Treffen mit Freunden oder infektionsgefährdeten Eltern ganz zu schweigen. Mit drei pubertierenden Kindern zu Hause geht es uns dabei noch sehr gut. Trotzdem fehlen mir die anderen. So wie Sonne im November. Sozial-Sonnen-Bäder, für meinen Seelen-Kreislauf.

Die Netflix-Serie „The Queen's Gambit" (2020), basierend auf dem gleichnamigen Roman von Walter Tevis, erzählt auf eindrückliche Weise davon, was es heißt, einsam zu sein.[46] Die Geschichte handelt von Elisabeth Harmon, einem neunjährigen Mädchen, das in den 1950-er Jahren nach dem Suizid der Mutter in ein Waisenhaus in Kentucky kommt. Mathematisch hochbegabt, lernt sie vom Hausmeister im Keller des Heimes Schach spielen und entwickelt sich schnell zum Wunderkind in dem Spiel. Im Heim beginnt zugleich ihre Abhängigkeit von Beruhigungsmitteln, die den Kindern als „Vitaminpillen" regelmäßig verabreicht werden. Sie wird adoptiert, geht selbstbewusst, klug ihren Weg von Meisterschaft zu Meisterschaft – und bleibt dennoch allein. Ein starkes Symbol in dem Film sind dafür ihre Kleider. Als sie ins Waisenhaus kommt, wird das Kleid, das ihre Mutter mit ihren Namen bestickt hat, weggenommen und verbrannt. Verlust eigener Geschichte und Geborgenheit. Als verlöre sie eine Schicht ihrer Haut. Von ihren ersten Preisgeldern wird sie sich dann elegante Kleider kaufen – auch, um in der Schule nicht mehr gemobbt zu werden. Dann verstirbt plötzlich ihre Adoptivmutter, einer der wenigen Menschen, die ihr nahestehen. In ihrer Trauer hüllt sie sich in deren Morgenmantel, schläft in ihm ein. Fast wie bei einer Schutzmantel-Madonna. Liebe ist das Kleid, das sie anhat. Gegen die Nacktheit des Alleinseins. Gegen das tiefsitzende Gefühl der Waisen in ihr.

In berührenden Szenen wird sie später von verschiedenen Personen eine Antwort auf diese letzte Einsamkeit erfahren. Da ist Benny Watts, ein anderes junges Schach-Genie, mit dem sie sich immer wieder misst und der sie später trainiert. Er erklärt Elisabeth, woran es liegt, dass die Russen in dem Spiel so viel besser sind als die Amerikaner: „Weil sie einfach nicht so Scheißindividualisten sind wie wir. Sie helfen einander." Und da ist Jolene. Während Elisabeth gerade dabei ist, in Einsamkeit und Alkohol zu versinken, klingelt ihre einzige frühere Freundin aus dem Heim an ihrer Haustür. Schon als Kind rebellisch, warmherzig, sozial, ist sie zur jungen, emanzipierten Kämpferin für die Rechte der Afroamerikaner geworden. Sie hilft Elisabeth, wieder klarzukommen. Und sagt zu ihr dann diesen starken Satz: „Du bist keine Waise mehr. Wir haben doch jetzt uns."

Ich glaube, dass es im Leben wie im Glauben genau darum geht: mit der letzten eigenen Einsamkeit umzugehen, dem „Waise-Sein" in mir. Auch wenn man das Glück hat, als Kind von Eltern geliebt worden zu sein, irgendwann muss ich meine Eltern loslassen, äußerlich wie innerlich. Irgendwann sind sie nicht mehr da, nicht mehr ansprechbar, auch wenn das Kind in mir noch da ist. So selbstbewusst, eigenständig, erwachsen man auch sein mag. Und manchmal kann ich das auch bei anderen spüren. Wenn aus der toughen Managerin auf einmal das kleine Mädchen spricht, der Schuljunge aus dem gestandenen Großvater. Mit dem Wunsch, wie ein Kind in den Arm genommen zu werden, gehüllt in ein Kleid aus Liebe.

„Denn mein Vater und meine Mutter verlassen mich, aber der HERR nimmt mich auf." (Ps 27,10) In dem alten Gebet Israels klingt diese urmenschliche Erfahrung an: die eigenen Eltern loslassen zu müssen. Äußerlich und innerlich von ihnen verlassen zu sein. Der Glaube hebt diese Einsamkeit nicht einfach auf. Aber er begegnet ihr in zwei Weisen.

Zum einen bietet der Glaube eine tiefe, geistliche Heimat. Die Geborgenheit in einer wirklich „all-umfassenden" Liebe, die Raum und Zeit und Ewigkeit umgreift. Unmittelbarster Ausdruck dessen ist das „Vater unser", das Gebet, das Jesus Christus in der Bergpredigt seine Jüngerinnen und Jünger gelehrt hat (Mt 6,9–13). Manchmal sind solche Texte schon allzu sehr vertraut. Denn man muss sich klarmachen, was wir alles damit sagen, wenn wir so beten: Der Ursprung der Welt, der Grund allen Lebens, von Menschen, Tieren, Pflanzen, begegnet uns persönlich als mütterliche, väterliche Liebe. Und wir können zu diesem Grund, zu Gott sprechen wie zu einem Vater oder einer Mutter. So verloren ich mir auch immer wieder vorkommen mag, erschließt sich mir zugleich eine andere Sicht der Welt. Licht und Dunkelheit, Nacht und Tag werden zu Kleidern, mit denen Gott mich liebend umhüllt.

Zum anderen lerne ich im Glauben, die anderen Menschen als meine Geschwister zu sehen. Das gehört mit dem ersten unlöslich zusammen: Wenn ich Gott wirklich als Mutter und Vater erfahre, werden mir alle Menschen zu Schwestern und Brüdern. Unabhängig von ihrer Herkunft, Religion, Kultur oder ihrem Aussehen. Gotteskinder sind niemals Einzelkinder. Und gerade dann, wenn sich mir alle, wirklich alle Menschen als Brüder und Schwestern erschließen, beginne ich etwas von dieser „all-umfassenden" Liebe Gottes zu begreifen – die wie die Sonne aufgeht über Gut und Böse (Mt 6,45).

„Du bist keine Waise mehr. Wir haben doch jetzt uns." Das wäre ein Gutes im Schlechten, wenn wir uns durch Corona etwas von unserem „Scheißindividualisten"-Dasein befreien können. Wenn es mir nicht egal ist, wie mein Nachbar ökonomisch, psychisch, gesundheitlich durch die Pandemie kommt. Wenn ich auf manche Freiheiten verzichten lerne, auch um andere zu schützen. Wenn ich die Fallzahlen aus anderen Ländern nicht als gesundheitspolitischen Wettkampf begreife, sondern als tiefe Verbundenheit – weil wir das Virus nur gemeinsam werden besiegen können.

Meine aktuelle Heldin – auch gegen Corona-Einsamkeit – ist daher Jolene. Einfach bei der anderen einmal klingeln. Auch wenn das Gespräch gerade nur zwischen Fenster und Straße stattfindet. Keins unserer Geschwister darf uns jetzt verlorengehen. Denn ohne sie drohen wir selbst zu verwaisen.

14. Annus horribilis oder mirabilis – Was wird aus 2020?

Mit dem Ewigkeitssonntag geht das Kirchenjahr zu Ende. Rund einen Monat später endet dann das Kalenderjahr. Damit wandert der Blick zurück – und es stellt sich die Frage, was von dem Kirchen- bzw. Kalenderjahr 2020 bleiben wird. Mit der weltweiten Corona-Pandemie, über 1,3 Millionen Todesopfern (bis Mitte November) und dem vielfältigen Leid, das individuell wie gesellschaftlich mit der Pandemie einhergeht, spricht viel dafür, dass 2020 als „Schreckensjahr" (annus horribilis) in die Erinnerung eingehen wird. Das Virus hat eine Verletzlichkeit menschlichen Lebens, eine Vulnerabilität gerade auch der hochentwickelten Gesellschaften vor Augen geführt, wie sie für viele nicht vorstellbar war. Wie das Jahr 2020 „in the long run" in Erinnerung bleiben wird, ist dennoch nicht ausgemacht.

Die Wendung „annus horribilis" wird allgemein auf Queen Elisabeth II. zurückgeführt, die in ihrer Rede zum 40. Thronjubiläum am 24. November 1992 das damalige Jahr auf diese Weise charakterisiert hat.[47] So belastend die Kumulation der Ereignisse in dem Jahr für sie subjektiv gewesen sein mag, nehmen sie sich aus heutiger Perspektive und von außen gesehen überschaubar aus: ein Feuer auf Windsor Castle, die Scheidungen bzw. Eheprobleme von dreien ihrer vier Kinder, die damit verbundenen Skandale in der Klatsch-Presse („Sarah Ferguson oben ohne mit Freund John Bryan"). Das wünscht sich sicher keine Mutter, erst recht nicht, wenn die eigene Familie im besonderen öffentlichen Fokus steht. Doch im Blick auf die 40 Jahre ihrer Regentschaft fallen einem durchaus auch andere inter-/nationale Ereignisse ein, die für Großbritannien von schrecklicher Bedeutung gewesen sein könnten. „Schrecklich" (horribilis) ist immer etwas für jemanden in bestimmter Hinsicht. Es gibt keinen Schrecken an sich.

Interessant ist, dass umgekehrt die Redewendung „Wunderjahr", annus mirabilis, von der sich das Schreckensjahr ableitet, gerade in Bezug auf die beiden Pestjahre 1665/1666 entstanden ist.[48] Die Universität von Cambridge war wegen der „Großen Pest" geschlossen, Isaac Newton zog sich zurück in den kleinen Weiler Woolsthorpe-by-Colsterworth, aus dem er stammte – und entwickelte in dieser Zeit der Abgeschiedenheit wesentliche Grundlagen der klassischen Physik. Der englische Dichter John Dryden schrieb im gleichen Seuchenjahr 1666 das Gedicht „annus mirabilis" – inspiriert durch die wundersame Eindämmung des „Great Fire of London", das den größten Teil der historischen City zerstört und über 100.000 Menschen obdachlos gemacht hatte. Mit dem „Großen Feuer" erstarb zugleich die „Große Pest von London".[49] Auch hier zeigen sich Perspektivität und Relativität der Einschätzung. Auch Wunder gibt es nur für jemanden in Hinblick auf etwas.

Am Ewigkeitssonntag richtet sich der Blick zurück auf die Verstorbenen dieses Jahres. Wir erinnern daran, wie schmerzlich der Verlust jedes einzelnen Menschen ist. Jede Zahl in der Statistik, nicht nur der Corona-Verstorbenen, jeder Name, der in den Gottesdiensten verlesen wird, steht für ein einzigartiges, beendetes Leben. Ein Leben mit persönlichen Wunder– und Schreckensjahren. Mit unwiederbringlichen Erfahrungen von Liebe und Leid, von Schmerz und Schönem. Und für die Leere, die Lücke, die ohne diesen Menschen im Leben der anderen bleibt.

Als Christen hoffen wir, dass jeder Augenblick dieses einmaligen Lebens in Gott aufgehoben ist: die schönen Stunden (hora mirabilis), indem Gott sie bewahrt und ins rechte Licht stellt; die schrecklichen Stunden (hora horribilis), indem Gott sie überwindet, heilt, versöhnt. Und wir vertrauen, dass die Menschen, so verwandelt, in der Liebe Gottes weiterleben – in der Liebe, aus der sie einst erschaffen wurden.

Der Ewigkeitssonntag weitet den Blick nach vorn auf das, was bleibt. Worauf es in diesem Leben ankommt – und darüber hinaus. Wie wir in Liebe der Menschen gedenken, die verstorben sind, so helfen wir in Liebe den Menschen, die jetzt mit uns leben. Auf beides richtet dieser Tag unser Augenmerk.

Der individuelle Rückblick auf das Kirchen– und Kalenderjahr 2020 wird sehr unterschiedlich ausfallen, weil auch Corona mit seinen Begleitumständen uns sehr verschieden betrifft. Für die kollektive Erinnerung wird die Frage, ob 2020 mehr ein „Schreckens-“ oder ein „Wunderjahr“ war, auch damit zusammenhängen, was wir daraus machen:

Gelingt es uns, durch die Pandemie zu einer größeren nationalen wie internationalen Solidarität zu finden, weil wir im Leiden an Corona tief miteinander verbunden sind?

Werden wir medizinische Forschung und Gesundheitsvorsorge weltweit intensiver vernetzen und Medikamente gerade auch Menschen aus ärmeren Gesellschaften zur Verfügung stellen?

Lernen wir durch Corona, unser Arbeits-, Konsum-, Mobilitätsverhalten zu ändern hin zu echter ökologischer Nachhaltigkeit, ohne die wir absehbar in Krisen noch größeren Ausmaßes geraten werden?

Werden wir der „Seuche" sozialer Selbstsüchtigkeit wehren und die großen finanziellen Lasten so verteilen, dass ein lebenswertes, solidarisches Miteinander gestärkt wird?

Die Geschichte dieses Jahres ist nicht festgelegt. Sie hängt auch davon ab, was wir, was ich aus ihr mache. Davon, wofür ich die Tage und Wochen meiner endlichen Freiheit einsetze. Ob ich „faul wie die Waschbären"[50] auf dem Sofa hänge – oder die Corona-Klausur zum Lesen, Denken, Forschen, Ideen-Entwickeln nutze. Ob ich meinen Gruben-Groll über die Unfähigkeit aller anderen, speziell von „denen da oben", pflege – oder ob ich mich konkret an meinem Ort zum Wohl anderer engagiere. Und ob ich so mit meinem Tun und Lassen dem Pendel zumindest einen kleinen Stubbs in Richtung „mirabilis" gebe. Die Geschichte des Jahres 2020 wird von mir, von uns mitgeschrieben. Und ich gebe den Glauben daran nicht auf, dass wir uns am Ende positiv wundern werden, was in dieser Zeit unter uns entstanden ist.

15. DER MORGENGESANG DES ALTEN PRIESTERS
Vom Zweifeln, Schweigen und Singen im Advent

Wie schreibt man eigentlich ein Evangelium? Die Frage ist im Berufsalltag von Pfarrer/innen nicht von unmittelbarer Dringlichkeit. Nachdem Markus, Matthäus, Lukas und Johannes (und ihre apokryphen Kollegen) vor knapp 2000 Jahren vorgelegt haben und das Ganze im vierten Jahrhundert auch noch kanonisiert wurde, sind die meisten ganz zufrieden damit. Natürlich gab es hin und wieder Kritik; m.E. zu Recht im Blick auf die Rolle der Frauen oder manche antijudaistischen Aussagen. Eine Neuschreibung ist aber nicht ernsthaft im Blick, sieht man von literarischen Experimenten einmal ab. Vier Evangelien sind ja auch nicht wenig.

Die Frage, wie erzählt wird, ist aber wichtig. Mit ihr gehen viele theologische Entscheidungen einher. Das zeigt sich besonders am Anfang und am Ende. Daran, wie die Christus-Geschichte anschließt an die Geschichte der Menschheit, speziell des erwählten Volkes Israel vorher – und an die Geschichte der Menschheit und des bleibend erwählten Volkes Israel nachher. Wie die „Sache Jesu" im Leben der Gemeinden weitergeht.

Eine zentrale Bedeutung kommt dabei den Personen der Zwischenzeit zu, den „Übergangsgestalten", die erzählerisch von der einen Zeit zur anderen Zeit hinüberleiten. Es sind „Fährleute des Verstehens", die der Leserin, dem Leser beim Übertrag in die eigene Zeit helfen sollen. Diese Transfer-Funktion wird sehr schön erkennbar an „der" klassischen österlichen Übergangsgestalt schlechthin: Thomas, dem Zweifler (Joh 20,24–31). Er steht für den Übergang vom Leben des irdischen Jesus („schauen") in die Zeit nach Ostern, in der der auferstandene Christus irdisch nicht mehr greifbar ist („nicht schauen und doch glauben").

Die adventliche Entsprechung zu ihm ist der alte Priester Zacharias am Anfang des Evangeliums bei Lukas. Auch hier geht es um das Zweifeln. Diesmal aber angesichts des kommenden Christus, dass er auf einmal greifbar und sichtbar wird. Zacharias ist der Thomas des Advents: Wie Thomas kann er die Botschaft des Neuen nicht glauben. Wie Thomas fordert er Zeichen. Wie Thomas befindet er sich „somewhere in between" – bei ihm zwischen dem Zeugnis des Alten Testamentes und dem Beginn der Christusgeschichte.

Es ist theologisch aufschlussreich, dass das erste, was im Lukas-Evangelium direkt gesprochen wird, die letzten Worte des (griechischen) Alten Testamentes sind. Der Erzengel Gabriel zitiert in seiner Rede an Zacharias Mal 3,23f. (Lk 1,17). Ja, sein Kommen in den Tempel ist selbst eine erzählerische Umsetzung des dort verheißenen Boten (Mal 3,1): „Siehe, ich will meinen Engel senden, der vor mir her den Weg bereiten soll." Der Name „Zacharias" wird so zum Programm: „Der HERR gedenkt." Durch seine Person wird die kommende Geschichte von

Johannes und Jesus so beschrieben, dass Gott sich seiner Verheißungen erinnert.

In dreifacher Weise antwortet Zacharias auf die Worte des Engels: durch Zweifeln, Schweigen und Singen. Ein Modell dafür, wie Menschen auf das irritierend neue Evangelium reagieren.

1. Er zweifelt:

Folgt man den Übergangsgestalten an den Rändern der Evangelien, so ist der Zweifel nicht die Ausnahme, sondern die Regel: Neben Thomas und Zacharias „zweifeln" eben etwa auch die entsetzten Frauen am leeren Grab (Mk 16,8); die „Emmausjünger", die blind stundenlang neben dem Auferstandenen herlaufen, ohne ihn zu erkennen (Lk 24,13ff.); Maria von Magdala, die ihn für den Gärtner hält (Joh 20,15) – oder der kleine Satz „einige aber zweifelten" während der beeindruckenden Erscheinung des Auferstandenen (Mt 28,15). Ob Ostern oder Weihnachten – die Begegnung mit dem Neuen, dem Wunder, dem Evangelium von Jesus Christus weckt nicht einfach helle Begeisterung, sondern Skepsis, Vorbehalte, Missverstehen. Und es wäre seltsam, wenn es dies nicht täte. Denn dann wäre es eben nicht wirklich neu, wundersam, eine wahrhaft „Gute Botschaft". Der Glaube an das Evangelium ist eine „unmögliche Möglichkeit". Mit Martin Luther gesprochen: „Ich glaube, dass ich nicht aus eigener Vernunft noch Kraft an Jesus Christus, meinen Herrn, glauben oder zu ihm kommen kann."[51] Das gilt für Ostern wie für Weihnachten gleichermaßen. Daher brauchen beide vorlaufende Zeiten des Sinneswandels: Passion und Advent – sieben bzw. vier Wochen als „Kopfwüsten des Glaubens".

Zweifel, Vorbehalte, Skepsis sind eine notwendige Rezeptions-form des Neuen. Umso mehr verwundert es, dass der Zweifel in der Kirche so oft in Misskredit stand und steht. Die ver-schnupfte Reaktion des Erzengels auf Zacharias (Lk 1,19f.) hat dazu wohl ebenso beigetragen wie die zumeist als Kritik inter-pretierte Antwort Jesu an Thomas (Joh 20,29). Schade. Denn kein Glaube ohne Zweifel, kein Ostern ohne Thomas, kein Ad-vent ohne Zacharias. Zweifel sind die notwendigen kreativen Wehen von Wahrheit und Wundern.

2. Er schweigt:

Der alte Priester steht exemplarisch am Anfang des Evange-liums bei Lukas dadurch, dass er nicht nur zweifelt, sondern auch schweigt. Auf diese Weise wird Zacharias selbst zu dem Zeichen, das er fordert. Ein Zeichen für sich selbst wie für die auf ihn wartende Gemeinde im Tempel. Die spürt, dass etwas gesche-hen ist und noch geschehen wird, was sich nicht in Worte fassen lässt. Das Schweigen ist wie das Zweifeln von hebammenartiger, „mäeutischer" Funktion. Auch später wird das Schweigen wich-tigen Ereignissen in der Christusgeschichte vorangehen. 40 Tage fastet und schweigt Jesus in der Wüste, bevor er zu wirken be-ginnt. Bei seinem Verhör am Ende schweigt er ab einem gewis-sen Punkt, als er vor Pilatus verklagt wird. Im Unterschied zu diesem selbstgewählten Schweigen ist das Schweigen des Zach-arias aber ein fremdgewirktes Verstummen, ein Verschlagen der Sprache. Es geht hier um ein „resonantes Schweigen". Ein Schweigen, das gerade aus der unglaublichen Anrede des Engels resultiert; ein Schweigen, das dieser Anrede darin Raum gibt, dass er nichts mehr zu sagen, fragen, klagen hat. Und das gerade darin zur inneren wie äußeren Vorbereitung auf das Neue wird.

Das könnte auch heute heilsam sein: ein „Wörter-Fasten" in einer medial dauer-erregten Gesellschaft ebenso wie in der Kirche des Wortes. Menschen, die in Zeiten medialer Dauerbeschallung dadurch zum Zeichen werden, dass sie einfach einmal still sind und verstummen. „Und sagte kein einziges Wort." Was für eine Predigt! Eine Verkündigung, die statt auf die Stimme auf die Beredtheit der Stille vertraut.

Bei Zacharias ist es eine Stille, die ihm von außen widerfährt. Und die ihrerseits wieder etwas aus sich heraussetzt: einen aus der Stille geborenen Gesang.

3. Das Singen

Dies ist schließlich die dritte Weise, in welcher der alte Priester das Neue empfängt: Er zweifelt, schweigt – und singt. Was die Träume (der Weisen und Josephs) in den Advents- und Weihnachtsgeschichten bei Matthäus, sind die Lieder (Marias, Zacharias', Simeons) bei Lukas. In beiden, den Träumen wie den Liedern, bricht sich eine andere, göttliche Wirklichkeit in der menschlichen Wahrnehmung Bahn. Wovon man nicht sprechen kann, davon muss man schweigen oder singen. Weil einem das Singen erlaubt, dass der ganze Leib zum Klangkörper, man selbst zum Resonanzraum wird. Im Singen wird der Mensch im eigentlichen Wortsinn zur „Person": zu jemandem, durch den etwas „hindurch ertönt" (per sonare). Im Singen erfahre ich an mir selbst, was ich sage. Ich bin, was ich singe. Auf diese Weise gewinnt die neue, frohe Botschaft an mir selbst Gestalt. „Ein neues Lied wir heben an", heißt das wahrscheinlich älteste Lied von Martin Luther (1524).[52] Es handelt angesichts des Märtyrertodes zweier junger Protestanten in Brüssel von der Ausbreitung des Evangeliums, die sich im Singen des Liedes weiterereignet.

Im Akt des Singens nimmt das Gesagte Gestalt an, wird das Erhoffte erfahrbar. Wegen dieser vorwegnehmenden, proleptischen Wirkung ist das Singen von so zentraler Bedeutung im Advent: In ihm wird zeichenhaft wirklich, wovon es verheißungsvoll spricht. Nicht von ungefähr galt Johannes, der Täufer, deshalb früher einmal als Patron der Kirchenmusik, weil seine Geburt die Lippen seines Vaters gelöst habe. Der Gesang des Zacharias ist so auch Ausdruck eines inter-generationellen Lernens, in der die Geburt eines Kindes die Glaubenshoffnungen der Alten wiedererweckt.

Bei Lukas ist der Lobgesang des Zacharias der mittlere Gesang zwischen dem Loblied der Maria und dem des alten Simeon. Nach ihren lateinischen Anfangsworten heißen sie in dieser Reihenfolge: „Magnifikat", „Benedictus" und „Nunc dimittis". Sie spielen in den Stundengebeten der Kirche eine wichtige Rolle, hier aber in anderer Reihenfolge. Der Lobgesang des Zacharias ist hier Bestandteil des morgendlichen Lobgesangs (Laudes), des Nachdenkens am Beginn des Tages. Das entspricht der „morgendlichen Theologie", die in dem Lied enthalten ist. Ein schöner Gedanke übrigens, dass gewisse theologische Gedanken ihre je eigene Tageszeit haben.[53] Es ist „morgendliche Theologie", weil sie tief erfüllt ist von träumender Erinnerung und hoffnungsvollem Neuanfang: Der Morgen als eine Zeit, in der sich Vergangenes, Gegenwärtiges und Zukünftiges in besonderer Weise verschränken. Und es lohnt sich, diesen Psalm außerhalb der Psalmen einmal in seiner ganzen Tiefe und Schönheit zu lesen (Lk 1,68–79).

Der erste Teil des Gesangs (V. 67–75) wird bestimmt vom Gedanken der Kontinuität: David, die Väter, der Heilige Bund, Eid, Abraham. Das Evangelium Jesu Christi ist tief und fest verankert in der Geschichte des Volkes Israel. Zugleich wird in den Versen eine Sprache des Kampfes gesprochen: Es geht um „hassen" und „Feinde", um Heil in kontrafaktischen Zeiten.

Erst im zweiten Teil (V. 76–79) kommt dann das Kind ins Spiel, das Zacharias in seinem Alter unbegreiflicher Weise geboren werden soll. Johannes, der Täufer. Nach der Bindung „zurück" nun der Verweis „voraus". Alles, was von ihm gesagt wird, ist wie der lang ausgestreckte Zeigefinger bei Matthias Grünewald auf dem Isenheimer Altar – ausgerichtet auf Christus: Er wird Wegbereiter sein, Prophet, Vermittler von Licht und Erkenntnis. Und immer wieder geht es um den „Weg". Die Geschichte Jesu Christi – verfasst als ein „road-movie" über den „Weg des Friedens". Und wir als Leser/innen folgen ihm nach, wenn wir das Evangelium lesen.

In den letzten Lied-Versen schließlich klingt die „morgendliche Theologie" am intensivsten an. In einem wahren Reigen an Bildern:

> „die herzliche Barmherzigkeit unseres Gottes, durch die uns besuchen wird das aufgehende Licht aus der Höhe, auf dass es erscheine denen, die sitzen in Finsternis und Schatten des Todes, und richte unsere Füße auf den Weg des Friedens."

Licht bricht an – die Nacht vergeht – ein neuer Weg beginnt: Das meint Advent.

Zacharias durchlebt als Priester exemplarisch, was der Beginn dieses neuen Weges für das Volk Israel konkret im Leben eines Einzelnen bedeutet. Vielleicht noch mehr als sein rigoristischer

Sohn kann der zweifelnde, schweigende und schließlich singende Zacharias so Wegbereiter für Christus in unseren Tagen sein. Als Pendant zu Thomas ein „Zweifler der Adventszeit", in dem meine eigenen adventlichen Ambivalenzen Raum haben und der mich als Übergangsfigur in den Zeiten des anbrechenden „Lichts aus der Höhe" begleitet.

Zacharias' Zweifel

Als der alte Priester dreister Weise
an den Worten Gabriels zweifelte,
war dieser „not amused".
Erzengel sind nicht gewohnt zu diskutieren.
So machte er den Zweifler selbst zum Zeichen:
Ohne Worte, weil er Worten nicht glaubte.
Umso schöner klang sein Gesang,
als mit seinem Sohn auch seine Stimme wiederkam.
So schön und überzeugend,
dass selbst Erzengel von seinen Zweifeln etwas lernen
konnten.

16. WURZELN, ADVENT & DER SINN LANGWEILIGER BIBELTEXTE

Die Bibel durchzulesen, so richtig von vorne bis hinten, ist eine echte Herausforderung. Wer es versucht hat, stößt leicht an Grenzen literarischer Ermüdung. Natürlich: Es gibt die tiefgründigen Erzählungen von den Erzmüttern und -vätern, die Psalmen, wunderschön und tröstend zugleich, die Leidensgeschichte Hiobs, den Kampf für Gerechtigkeit und gegen falsche Religion bei den Prophet/-innen, das erotische Hohelied der Liebe. Aber dazwischen kommen Texte, die man schlicht als langweilig oder anstrengend empfindet. Wenn es kapitelweise nur um kultische Reinheitsvorschriften, Volkszählungen oder Ahnenreihen geht. Literarisch ungefähr so sexy wie der Börsenteil der Tageszeitung.

Ein adventliches Beispiel dafür findet sich direkt am Anfang des Neuen Testaments: der sogenannte „Stammbaum Jesu" (Mt 1,1–17). Eine kurze Kostprobe:

> „Dies ist das Buch der Geschichte Jesu Christi, des Sohnes Davids, des Sohnes Abrahams. Abraham zeugte Isaak. Isaak zeugte Jakob. Jakob zeugte Juda und seine Brüder. Juda zeugte Perez und Serach mit der Tamar. Perez zeugte Hezron. Hezron zeugte Ram.

Ram zeugte Amminadab. Amminadab zeugte Nach-
schon. Nachschon zeugte Salmon. Samon zeugte
Boas mit der Rahab. Boas zeugte Obed mit der Rut.
Obed zeugte Isai. Isai zeugte den König David."
Und wir sind erst bei Vers 6. Zwei Drittel der Ahnenreihe
folgen noch.

Dieser langweilige Text steckt zugleich voller Theologie.
Sonst hätte Matthäus mit ihm wohl nicht sein Evangelium be-
gonnen. Im Folgenden möchte ich versuchen, etwas von dem
geistlichen Funken zwischen den Zeilen sichtbar zu machen.

Solche Genealogien oder Geschlechterreihen waren für Menschen früher von hoher Bedeutung. Sie überbrücken die Zeit-
räume zwischen Ereignissen, stiften Zusammenhänge, leiten
Macht bzw. Ansehen per Abstammung her. Und vor allem erklären sie, wer jemand ist, indem sie erzählen, woher er stammt.
Etwas von dieser „Herkunftslogik" kenne ich noch von früher,
wenn mich bei uns auf dem Land jemanden fragte: „Wem bist
denn du?" Was so viel hieß wie: Aus welchem Haus stammst du?
Wie kann ich dich zuordnen, um zu verstehen, wer du bist?

In antiken Zeiten gab es dabei den „heros eponymos", den
namengebenden Ahnherrn. Im Stammbaum Jesu sind dies Abraham, der Stammvater Israels, und David, der König Israels.
Wenn Jesus als Abrahams– und Davidsohns von diesen beiden
abstammt, geht es um nicht weniger als darum, dass sich in ihm
die großen, alten Verheißungen Gottes für Israel erfüllen: „In dir
sollen gesegnet werden alle Geschlechter auf Erden"
(1. Mose 12,3) und „des Friedens kein Ende auf dem Thron Davids" (Jes 9,6). Friedens– und Segensbringer für alle Zeiten.

In der Anlage des Stammbaums Jesu wird das theologisch noch durch eine Zahlenmystik unterstrichen: „Alle Geschlechter von Abraham bis zu David sind vierzehn Geschlechter. Von David bis zur babylonischen Gefangenschaft sind vierzehn Geschlechter. Von der babylonischen Gefangenschaft bis Christus sind vierzehn Geschlechter." (Mt 1,17) Die ganze Geschichte Israels, so die Intention, läuft gezielt auf diesen Jesus zu. Bei Lukas findet sich ein anderer Stammbaum Jesu, der sich vielfach von diesem unterscheidet: in der Anzahl der Geschlechter, den Namen der Personen, der Richtung – und vor allem wird er dort bis zu Adam zurückgeführt (Lk 3,23ff.).

Interessant in der Version bei Matthäus sind die Frauen, die in Jesu Stammbaum genannt werden. Von seiner Anlage her ist diese Ahnenreihe „patrilinear", sie folgt der Reihe der Väter. Doch fünf wichtige Frauen unterbrechen die feste Reihung: Tamar, Rahab, Rut, Batseba („die des Uria") und Maria. Ihnen allen haftet nach damaligen Wertvorstellungen etwas Besonderes, ein vermeintlicher „Makel" an – weil sie Ausländerinnen, Prostituierte oder die Frau eines anderen sind. Dass Jesus von ihnen abstammt, steht dafür, dass er schon als Person quersteht zu den Moralvorstellungen der Frommen und allzu Frommen. Jesus hat – auch als Abrahams– und Davidsohn – zugleich „einen bedenklichen Zug nach unten". Gott kümmert sich nicht um menschliche Gerüchte. Das zeigt sich am unmittelbarsten an Josef. Der ganze Stammbaum läuft eigentlich auf ihn zu – und dann kommt es am Ende zu einer feinen Zäsur: „Jakob zeugte Josef, den Mann Marias, von der geboren ist Jesus, der da heißt Christus." Die ganze genealogische, patrilineare Herleitung hängt am Ende an Maria, der Josef zugeordnet ist.

Welche tiefe Bedeutung in solch einer Ahnenreihe ruht, wurde mir in der vielfach preisgekrönten Fernsehserie „Roots" (1977) nach dem Roman von Alex Haley deutlich.[54] Haley beschreibt in ihr die Geschichte seiner afroamerikanischen Vorfahren, ihrer grausamen Unterdrückung und ihrer Befreiung aus der Sklaverei: von Kunta Kinte, der als 17-jähriger aus Gambia verschleppt und in die Sklaverei in Amerika, Virginia, gezwungen wird, jetzt mit dem Sklavennamen Toby; von seiner Frau Kinte Bell und ihrer Tochter Kizzy, von „Chicken George", der die Freiheit erlangt, bis hin zu Alex Haley selbst. Haley kämpft als Soldat im zweiten Weltkrieg, wird Journalist, interviewt amerikanische Neonazis ebenso wie Malcom X. Ganz am Ende, in der bewegenden Schlussszene der zweiten Staffel schließlich macht er sich selbst auf in das Dorf Juffure in Gambia.[55] Nach anstrengender Anreise sitzt er, der amerikanische Journalist, in dem westafrikanischen Dorf und lauscht sichtlich erschöpft den Ahnenreihen, die der Stammesältester litaneiartig aufzählt und ein Dolmetscher übersetzt. Haley droht fast wegzunicken, als der alte Erzähler die entscheidenden Sätze spricht:

> „At that time the ealdest son, Kunta, left the village to cut a tree to make himself a drum and that was the last time he was seen."

Haley durchfährt es. Immer wieder lässt er sich die gleichen Sätze wiederholen („Again, again, again!") – und man merkt, wie wichtig ihre „langweilige", stereotype Form ist, um sie sich in einer mündlichen Überlieferungstradition gut merken zu können. Es sind genau die Worte, die ihm in seiner Familie von seinem Ur-Ahn Kunta Kinte überliefert worden sind. Haley hat den Anschluss für das lose Ende seiner Ahnenreihe gefunden – ausgedrückt in seinem Jubelschrei: „You're all Africans!" Aus der Geschichte der Sklaverei, in der seine Vorfahren nicht nur ihrer Freiheit, sondern auch ihrer Namen, ihrer Herkunft, ihrer Identität beraubt wurden, hat er wieder eine Geschichte der Freiheit gemacht. Seiner eigenen Freiheit.

„I found you. Kunta Kinte.

I found you. I found you. I found you."

In Kunta Kinte hat er sich selbst gefunden.

Darum geht es auch in den langweiligen Ahnentafeln der Bibel: dass wir aus der Geschichte der Knechtschaft, unserer eigenen inneren wie äußeren „babylonischen Gefangenschaft", zu einer Geschichte der Freiheit finden. Dass wir den Segen und Frieden erfahren, die der ganzen Schöpfung verheißen sind. Und dass wir uns dabei von Gott über alle Grenzen von Moral oder Nation leiten lassen. „Zukunft braucht Herkunft" (Odo Marquard).[56] Advent ist eine Zeit, in der wir uns der Wurzeln unserer eigenen inneren Freiheit erinnern sollten.

„I found you. I found you. I found you."

17. DER STALL
IN UNSEREN HÄUSERN
„Es wird sich begeben zu unserer Zeit ..."

„Es begab sich aber zu der Zeit, dass ein Gebot von
dem Kaiser Augustus ausging, dass alle Welt geschätzt
würde. Und diese Schätzung war die allererste ..."
(Lk 2,1f.)

Ich sehe vor mir einen großen Raum. Eine Kerze für jeden
Menschen, der in 2020 bei uns in Deutschland mit und an
Corona gestorben ist. Laut RKI am 7. Dez. 2020 – 18.919.
Wollte man die Kerzen entzünden, eine pro Sekunde, 60 pro Mi-
nute, 3.600 pro Stunde, wir wären am 7. Dez. bei über fünf Stunden. Jede Kerze bräuchte einen Platz. Dicht an dicht gestellt. 10
x 10 cm. 100 Kerzen pro m². Am 7. Dez. 2020 wären es 189 m².
Eine Fläche, so umfangreich wie eine sehr große Wohnung. Und
jeden Tag kämen zurzeit drei, vier, fünf Quadratmeter dazu.
Sechs, sieben, acht Minuten länger zum Entzünden. Die Zahlen
zerrinnen mir. Sie sind zu groß. Ihre nackte Statistik fasst nicht
die einzelnen Leben, die sie zählen sollen. Jede steht für einen
Menschen, der dieses Jahr Weihnachten nicht erlebt, der anderen
fehlen wird.

> „Da machte sich auf auch Josef aus Galiläa, aus der Stadt Nazareth, in das judäische Land zur Stadt Davids, die da heißt Bethlehem, darum, dass er von dem Hause und Geschlechte Davids war, auf dass er sich schätzen ließe mit Maria, seinem vertrauten Weibe; die war schwanger." (Lk 2,4f.)

An Weihnachten fahren meine Frau, unsere drei Kinder und ich immer zu den Großeltern. Am ersten Feiertag zu meinen Schwiegereltern in Niederasphe. Am zweiten zu meinen Eltern in Bad Berleburg. Viel zu viel essen. Für die Kinder mittlerweile vegetarisch. Viel zu viel reden. Meistens alle gleichzeitig. Wer atmet, gibt das Rederecht ab. Viel zu viele Geschenke. Weihnachten ist immer auch eine Reise in das Land der eigenen Kindheit. „Darum, dass er aus dem Hause und Geschlechte Davids war." Das eigene „Bethlehem", Haus des Brotes, mit vertrauten Gerüchen, Geräuschen, Geschichten. Eigentlich. Dieses Jahr werden wir nicht fahren. Das erste Mal. Weil es wie damals besonders vulnerable Gruppen gibt. Diesmal meine Eltern und Schwiegereltern. Die Generation der „Josefs" und „Marias". Meines Josef und meiner Maria. Die Rollen der „Heiligen Familie" sind dieses Jahr mit Senioren besetzt.

> „Und als sie daselbst waren, kam die Zeit, dass sie gebären sollte. Und sie gebar ihren ersten Sohn und wickelte ihn in Windeln und legte ihn in eine Krippe; denn sie hatten sonst keinen Raum in der Herberge." (Lk 2,6f.)

Sich allein zu fühlen, ist immer schlimm. An Weihnachten besonders. Wenn andere gemeinsam feiern. Wenn es darum geht, dass Gott als Mensch in unser Leben kommt. Aber mich niemand besucht. Das ist eine der Gefahren in diesem Jahr: dass wir einander fehlen. Selbst zu den Gottesdiensten braucht es Voranmeldungen. Es wird dieses Jahr viele Ställe geben: in Wohnungen, Seniorenheimen, Single-Haushalten. Das „unbehauste" Gefühl, „keinen Raum in der Herberge" zu haben, keinen Ort, um mit und bei anderen geborgen zu sein. „Wenn Gast kommt, Gott kommt."

Und dennoch:

„*Es wird sich begeben zu unserer Zeit ...* ". So lautet die Verheißung. Die Pointe von Weihnachten ist ja gerade, dass wir es nicht machen können. Im Corona-Jahr 2020 so wenig wie in in jedem anderen.

„*Es wird sich begeben zu unserer Zeit ...* ". Wir schmücken, backen, kochen, kaufen Geschenke, bereiten das Fest. Doch dass sich Weihnachten ereignet, dass Gott mir begegnet, liegt nicht in meiner Hand. Und manchmal waren es in früheren Jahren sogar die Pannen, die mich aus unheiliger Geschäftigkeit gerissen haben. Wenn der Baum einfach zerrupft ausgesehen hat, Päckchen nicht ankamen, es vor lauter geballtem guten Willen zum Streit kam – und es am Ende dennoch „Heilige Nacht" wurde. Das macht das Alleine-Sein nicht einfach wett. Oder das viele andere, was in diesem Jahr nicht geht. Aber es lässt dem allen auch nicht das letzte Wort.

„*Es wird sich begeben zu unserer Zeit ...* ". Die Voraussetzungen waren schon damals in der ersten Heiligen Nacht nicht ideal. Was Gott aber nicht weiter gehindert hat. Ob Ostern oder Weihnachten, Auszug aus Ägypten oder Wanderung durch die Wüste:

Gott ereignet sich in Zeiten, wenn wir am Wenigsten damit rechnen. Wie in den Psalmen, wenn die Klage auf einmal in Dank umschlägt – ohne dass wir wüssten, warum oder wie. Das Wunder geschieht zwischen den Zeilen.

> „Und es waren Hirten in derselben Gegend auf dem Felde bei den Hürden, die hüteten des Nachts ihre Herde. Und des Herrn Engel trat zu ihnen, und die Klarheit des Herrn leuchtete um sie; und sie fürchteten sich sehr. Und der Engel sprach zu ihnen: Fürchtet euch nicht!"
> (Lk 2,8–10)

Ich weiß nicht, ob die „Hirten in derselben Gegend" eigentlich von Anfang an Teil der geplanten himmlischen Inszenierung waren. Vielleicht wurden sie von Engeln auch spontan dazu eingeladen. Heilige Improvisation. „Engel" und „Hirten". Sie stehen stellvertretend für das, was Gott tut und was wir tun.

Was ist meine kreative Improvisation in diesem Jahr? Werde ich meinen Eltern einen Brief schreiben – was ich bisher noch nie gemacht habe? Werden wir eine Fest-Video-Schaltung machen, um online gemeinsam zu essen? Werden wir einen Haus-Gottesdienst feiern, wenn die öffentlichen Feiern ausgebucht sind? Kerze, Stille, einen Psalm sprechen, Lukas 2 lesen – und Weihnachts-Lieder singen (auch wenn's nicht nach Engeln klingt)?

Nach der ersten Welle gab es eine Diskussion darüber, was „die Kirchen" in der Pandemie gemacht haben. Aus evangelischer Sicht fand ich die Debatte merkwürdig. Kirche ist für uns zuallererst ja gerade nicht eine Institution, sondern die Gemeinschaft der Glaubenden. Kirche sind wir. Die evangelische Kirche hat über 20 Millionen Priesterinnen und Priester. Die Frage, was „die Kirche" in der zweiten Welle an Weihnachten macht, ist eine persönliche Frage an mich. Ob ich mich in „heiliger Improvisation" übe – und in der notwendigen Distanz für andere zum Priester, Engel, Hirten werde. Vielleicht weitet es sogar meinen Blick über meine Familie, auf die Menschen in den Wohnungen nebenan. In anderen Ländern. Die Hirten waren ja auch nicht mit Josef und Maria verwandt.

> „Und da die Engel von ihnen gen Himmel fuhren, sprachen die Hirten untereinander: Lasst uns nun gehen gen Bethlehem und die Geschichte sehen, die da geschehen ist, die uns der Herr kundgetan hat. Und sie kamen eilend und fanden beide, Maria und Josef, dazu das Kind in der Krippe liegen." (Lk 2,15f.)

Wie kann ich mich aufmachen, ohne physisch zu reisen, mich geistlich bewegen, ohne herumzufahren? Bei den Mönchen gab es früher zwei Formen der geistlichen Suche: die religiöse Reise, pilgernd unterwegs (peregrinatio religiosa) – und die bewusste räumliche Konzentration, das Verbleiben an einem Ort (stabilitas loci). In diesem Jahr ist von mir wohl das zweite gefragt. Ein Weg aus meiner Geschäftigkeit – zu einer anderen, tiefen Begegnung: mit Gott, mir selbst, den anderen. Indem ich lese, Stille aushalte, in Ruhe telefoniere, puzzle, Musik höre, koche, spazieren gehe, anderen schreibe, nachdenke über das, was mir eigentlich wichtig ist. Und mich von dem überraschen lasse, was in dieser Zeit passiert.

„Maria aber behielt alle diese Worte und bewegte sie in ihrem Herzen. Und die Hirten kehrten wieder um, priesen und lobten Gott für alles, was sie gehört und gesehen hatten, wie denn zu ihnen gesagt war."
(Lk 2,19f.)

Ich weiß nicht, welche Geschichten unsere Generation einmal von diesem Weihnachten erzählen wird. Ich hoffe, dass sie wenig vom Alleinesein oder neuen Verstorbenen handeln wird. Aber viel von der himmlischen Kreativität, wie wir einander Engel, Hirte oder Priesterin wurden. Davon, wie wir neu entdeckten, wie wir für andere da sein können.

Und ich vertraue darauf, dass Gott dabei an unserer Seite ist.

„Es wird sich begeben zu unserer Zeit ...".

18. Auf dem Berge Nebo oder: Abschiedlich leben

„Du wolltest doch leben?
Ja, wolltest du denn / lauter Gold, das Blaue /
vom Himmel, die Liebe, die Sonne?
Nichts ist hier umsonst, sammle /
das Sterben in all seinen Gestalten, /
die Pein, den Schrei, die gemeine /
Umarmung, den Kuss des erdachten / Verrats."

So beschreibt der niederländische Dichter Cees Nooteboom in seinem gerade erschienen gleichnamigen Buch Abschied.[57]

Abschied. An manchen Tagen wird mir die schrecklich schöne Endlichkeit meines eigenen Lebens bewusst. Damit umzugehen, ist nicht so einfach. Zumindest für mich. Mein Leben, es ist wunderschön und schrecklich zugleich. Mal berauschend, mal anstrengend. Hier das Blau des Himmels, dort das Sterben in all seinen Gestalten. Eben noch schwer, dann wieder schwebend leicht. Und – es ist endlich.

Mein Alltagstrott täuscht mich geflissentlich darüber hinweg. Als würde alles immer so weitergehen, wie es ist. Tatsächlich lebe ich Tag für Tag in einem Fluss von Abschieden und Neuanfängen. Als ich 2013 an die Akademie kam, hat rein statistisch die Hälfte der Einwohnerschaft Frankfurt gewechselt. Rund 350.000 Menschen, die weniger als acht Jahre hier leben. Die EZB, die neue Altstadt, auch das neue Haus der Akademie gab es damals erst auf Plänen. Ich selbst durfte in dieser Zeit viele beindruckende Menschen kennenlernen. Menschen, die mir lieb und teuer sind. Die einen blieben, die anderen gingen, neue kamen. Sie haben die Akademie und mich in dieser Zeit begleitet. Dafür möchte ich mich herzlich bei Ihnen bedanken. Es waren für mich persönlich sehr intensive und gesegnete Jahre. Eine wertvolle Zeit meines Lebens, die ich nicht missen möchte. Und zugleich eine endliche.

Damit umzugehen, ist eine Kunst. Der Philosoph Wilhelm Weischedel hat dafür den Begriff der „abschiedlichen Existenz" gefunden.[58] Es bewusst anzunehmen, dass das Sterben und Loslassen fester Teil meines, unseres Lebens ist.

> Wir leben. Jeden Tag. Neu aus dem Tod.
> Und sterben. Jeden Tag. Hinein in das Leben.

Ich selbst habe für mich dazu verschiedene Strategien entwickelt.

Meine erste Strategie: Ich gehe wandern. Nicht zu langsam, nicht zu schnell. Mein ganz eigenes Tempo. So, dass ich mich selbst gut spüren kann. Meine Füße müssen etwas zu tun haben, damit sich in meiner Seele etwas löst. Und damit ich verstehe, dass ich selbst ständig im Fluss bin.

Die zweite Strategie: Ich mache alles dunkel, lege mich lang auf mein Bett und lasse meinen Gedanken vor Gott freien Lauf. Denken im Dunkeln, Beten im Bett, eine Unterbrechung im Lauf der Zeit – meine ganz eigene Form, mit Gott zu kommunizieren.

Und die dritte: Ich lese in alten Geschichten, wie Menschen früher damit umgegangen sind. Ein Gespräch mit den Müttern und Vätern unseres Glaubens. Das hilft mir, die Kunst des „abschiedlichen Lebens" einzuüben. Immer wieder neu.

Ein besonderer Meister dieser Kunst ist *Mose*. Sein Leben ist von permanenten Abschieden und Neuanfängen bestimmt. Kaum geboren, wird er von seiner Mutter in einem Schilfkorb auf dem Nil ausgesetzt. Sie versucht ihn so vor den Soldaten des Pharaos zu schützen, die alle männlichen Säuglinge der Hebräer töten sollen. Und wie im Märchen wird der kleine Mose von der Tochter des Pharaos gerettet. Mose wächst auf, zuerst zu Hause bei seiner eigenen Mutter als Amme, dann im Palast des Pharaos. Ein Grenzgänger zwischen den Welten.

Sein zweiter Abschied ereignet sich, als er im Zorn einen ägyptischen Sklavenhalter tötet. Der hatte einen seiner hebräischen Brüder geschlagen. Mose flüchtet nach Midian, heiratet, bekommt Kinder, wird zum Schafhirten.

Und wieder ein Abschied, diesmal initiiert durch Gott. Er erscheint Mose im brennenden Dornbusch, beruft ihn, das Volk Israel aus Ägypten zu führen. Zwei lange Kapitel dauert es, bis der zögernde Mose endlich überzeugt ist und Gott auch seinen letzten Einwand beseitigt hat. Und Mose bricht auf nach Ägypten, zu seinem Volk und zum Streit mit dem neuen Pharao.

10 Plagen wird er im Namen Gottes über den Pharao und sein Reich bringen, bis dieser endlich das Volk Israel ziehen lässt. Der Exodus – Auszug aus der Knechtschaft und Aufbruch in das verheißene Land. Das Symbol einer „abschiedlichen Existenz" schlechthin. Die Sklaverei, aber auch die Fleischtöpfe Ägyptens hinter sich lassen, um etwas Neues zu entdecken. Für ein Land, darin Milch und Honig fließt. Für das es aber eben durch die Wüste zu gehen gilt.

40 Jahre wird diese Wanderung dauern. So lange, bis außer Josua und Kaleb niemand mehr von der ersten Generation lebt. 40 Jahre, in denen das Volk in Zelten lebt. Und von Manna, dem Himmelsbrot, das wie Tau am Morgen daliegt und nicht länger als einen Tag hält. 40 Jahre Einübung im Empfangen und Loslassen, Sterben und Auferstehen, im „Haben, als hätte man nicht". (1. Kor 7,29ff.)

Am Ende seines Weges kommt dann der letzte Abschied: Mose singt, segnet und stirbt.

Er singt ein Lied von dem Weg Gottes mit seinem Volk Israel. Davon, wie das Volks halsstarrig ist, murrt, andere Wege geht – und wie Gott es am Ende doch ans Ziel führt. Er segnet die Stämme Israels, einen jeden auf seine besondere Weise. Und er stirbt, alleine mit Gott. Kurz vor dem verheißenen Land, das er sehen, aber nicht betreten wird. Oben auf dem Berge Nebo.

> „Und Mose stieg aus den Steppen Moabs auf den
> Berg Nebo, den Gipfel des Gebirges Pisga, gegenüber
> Jericho. Und der HERR zeigte ihm das ganze Land:
> Gilead bis nach Dan und das ganze Naftali und das
> Land Ephraim und Manasse und das ganze Land Juda
> bis an das Meer im Westen und das Südland und die

Gegend am Jordan, die Ebene von Jericho, der Palmenstadt, bis nach Zoar. Und der HERR sprach zu ihm: ‚Dies ist das Land, von dem ich Abraham, Isaak und Jakob geschworen habe: Ich will es deinen Nachkommen geben. – Du hast es mit deinen Augen gesehen, aber du sollst nicht hinübergehen.‘ So starb Mose, der Knecht des HERRN, daselbst im Lande Moab nach dem Wort des HERRN. Und Gott begrub ihn im Tal, im Lande Moab gegenüber Bet-Peor. Und niemand hat sein Grab erfahren bis auf den heutigen Tag.“ (5. Mose 34,1–6)

Wir sind nicht Mose. Sein Leben ist nicht unser Leben. Aber wir können von ihm lernen, was es heißt, „abschiedlich zu leben“.

Abschiedlich leben. Das meint, so zu leben, dass wir am Ende unser Lied singen können. Die Liebes-, die Klage-, die Hoffnungsstrophen: das Lied unseres eigenen Lebens. Von den ganz eigenen Wendungen, die unser Leben genommen hat. Wie wir das eine geplant haben, und das andere kam. Wie wir mal murrten, mal jubelten. Und wie Gott in dem allen uns zu einem guten Ziel geführt hat:

> „Der Wolken, Luft und Winden,
> gibt Wege, Lauf und Bahn,
> der wird auch Wege finden,
> da dein Fuß gehen kann.“[59]

Abschiedlich leben. Das heißt, dass wir das Zeitliche segnen können. Die Menschen segnen, die gemeinsam mit uns auf dem Weg sind. Unsere Freunde, unsere Feinde und die vielen dazwischen.

Unser Glück und unsere Erfolge, wo unser Leben gelingt. Und unser Scheitern, unsere Verluste, wo sich Träume nicht erfüllen. Das „Zeitliche zu segnen" meint, beides, das Schöne wie das Schwere, in Gottes Hand zu geben. Uns selbst, dieses widersprüchliche Wesen „Mensch", im Licht seiner Liebe zu sehen. Um am Ende unserer Tage einmal in den Satz Gottes, unseres Schöpfers, einstimmen zu können: „Und siehe, es war sehr gut."

Abschiedlich leben. Dazu gehört es, dass wir uns von Gott an die Orte unseres Lebens führen lasse. Den Nil, den Dornbusch, die Wüsten unseres Lebens. Und am Ende auf den Berg Nebo. Um uns von Gott das verheißene Land zeigen zu lassen.

Ich habe es immer als ungerecht empfunden, dass Mose nicht in das Land hineindurfte. Nach allem, was in 40 Jahren Wüste gemeinsam hinter ihnen lag. Dieses kurze, letzte Stück. Nur, weil er gehadert hatte, als dem Volk das Wasser in der Wüste ausging.

Heute denke ich: Was für eine Poesie! Der „Casablanca"-Moment im Leben des Moses. Da steht Mose also auf dem Berg und Gott zeigt ihm bis ins Detail, wo wer wohnen wird. Gott, so heißt es, redete mit ihm, „wie ein Mann mit seinem Freunde spricht". Und dennoch bleibt auf unserer Seite des Flusses immer etwas offen, unerfüllt.

Was für ein starkes Bild dafür, wie es sein wird, wenn wir einmal an unseren Jordan treten. An die Grenze des uns verheißenen Landes. Dass Gott uns dann zeigen wird, was er dort mit uns vorhat. Aber auch wir werden dieses Land nur als Verwandelte betreten. Dieser Teil unserer Geschichte bleibt allen anderen verborgenen. Auch uns selbst. So wie das Grab des Mose dem Volk Israel. Das letzte Geheimnis unseres Lebens ruht in Gottes Hand. Und das ist gut so.

19. Vom Raufen der Zeit

„Und es begab sich, dass er am Sabbat durch die Kornfelder ging, und seine Jünger fingen an, während sie gingen, Ähren auszuraufen. Und die Pharisäer sprachen zu ihm: Sieh doch! Warum tun deine Jünger am Sabbat, was nicht erlaubt ist? Und er sprach zu ihnen: Habt ihr nie gelesen, was David tat, da er Mangel hatte und ihn hungerte, ihn und die bei ihm waren: wie er ging in das Haus Gottes zur Zeit des Hohenpriesters Abjatar und aß die Schaubrote, die niemand essen darf als die Priester, und gab sie auch denen, die bei ihm waren? Und er sprach zu ihnen: Der Sabbat ist um des Menschen willen gemacht und nicht der Mensch um des Sabbats willen. So ist der Menschensohn Herr auch über den Sabbat."
(Mk 2,23–28)

rau|fen – schwaches Verb: 1. herausziehen, ausreißen; 2. sich mit jemandem prügeln, kämpfen. Man rauft sich zusammen, rauft die Haare, Raufbolde raufen sich.

Raufen – ein starkes Wort, das Kraft und Streit in sich birgt. In seinen Facetten spiegelt sich Jesu Streit mit den Pharisäern auf dem Felde. Aus deren Sicht hätte die Geschichte vielleicht so geklungen:

> „Das waren religiöse Raufbolde. Eine Gruppe von zwölf, dreizehn jungen Männern, die auf Streit aus waren. Ohne jede Selbstbeherrschung. Konnten sich nicht einmal bei einer kurzen Wanderung am Sabbat zusammenraufen. Der Mensch ist doch mehr als Fressen und Saufen. Dieser Tag ist eine Zeit der Freiheit, auch als unsere Mütter und Väter im Exil waren. Etwas, das unser Volk hat überleben lassen. Für diesen Tag sind andere gestorben. Ein Tag der Freiheit für alle Unterdrückten – für Knechte und Mägde, für die Fremden bei uns, für die ganze Schöpfung. Und ihr Anführer? Er stellt ihr Ähren-Raufen als Freiheitstat dar: ‚Habt ihr nie gelesen, was David tat ...?‘ Nur dass er nicht König ist. Und seine Männer nicht auf der Flucht. Hosentaschen-Revolutionäre. Zum Haare-Raufen.“

Es ist gut, sich vom überlieferten Zerrbild der Pharisäer zu verabschieden, das selbst oft etwas „Pharisäerhaftes“ hat. Es ist eine Form des frommen „otherings“: Da schimpft ein Religiöser einen Religiösen, religiös zu sein. Als Kirche, die wir für den Schutz des Sonntags eintreten, für Verzicht aus sozialen, ökologischen Gründen, dafür, wie wichtig Riten sind, stehen wir den „Gegnern Jesu“ näher, als uns beim Bibellesen vielleicht lieb ist.

Nun liegt die Pointe der Geschichte wohl an ihrem Ende. In den zwei Sätzen, die Jesus wie Weisheitslehren betont zum Schluss sagt: „Der Sabbat ist um des Menschen willen gemacht und nicht der Mensch um des Sabbats willen." Und: „So ist der Menschensohn Herr auch über den Sabbat." Beide sind je für sich wichtig.

Im ersten Satz geht es um die Kunst, den anderen zu verstehen. Ja, die Pharisäer hatten inhaltlich recht. Die Einübung von Zeiten der Freiheit, von Konzentration und Verzicht sind ein hohes religiöses Gut. Das sollte man nicht für ein Linsengericht aufgeben, erst recht nicht für ein paar ungemahlene Körner. Doch Religion hat einen ihr innewohnenden Hang zur Vorschrift, zum Besserwissen. Und sie verliert darüber allzu leicht den Anderen aus dem Blick: diesen einen, ganz konkreten Menschen und das, was er oder sie zum Leben braucht. Das haben 2000 Jahre Kirchengeschichte schmerzhaft gelehrt. Religion ist um des Menschen willen da, nicht der Menschen um der Religion willen. Oder anders gesagt: Es geht darum zu lieben. Das Leben zu „raufen", fünfe gerade sein zu lassen, wenn es dem oder der anderen hilft. Auch dort, wo ich meine, besser zu wissen, wie „wahres Leben" aussehen sollte.

Womit wir beim zweiten Satz sind. Ging es im ersten um das Verhältnis von Liebe und Religion („um des Menschen willen"), so geht es hier darum, wer Jesus ist („der Menschensohn") und wer Gott ist. Dies ist die eigentliche religiöse Provokation – die weit über das Ähren-Raufen hinausreicht. Dass Gott uns im Angesicht dieses einen konkreten Menschen Jesus von Nazareth begegnet. Und durch ihn im Angesicht aller anderen. Und nur dort. Weil Liebe eben immer nur von Angesicht zu Angesicht erfahren werden kann. In Begegnung. Heilige Schriften und Gebote können hier nur nachgeordnet vermitteln. Das „rauft" den

Glauben der Frommen zu allen Zeiten: dass Gott als Liebe so klein und konkret wird.

Lehre mich raufen – Ein Gebet

Gott, lehre mich meine Stunden, Tage, Wochen
zu raufen,
wenn andere es brauchen.
Lass mich maßlos sein in der Liebe,
so wie Du selbst es bist,
wenn Du Deine Sonne aufgehen lässt
über Gut und Böse.
Mach mich zu einem Raufbold der Liebe.
Bewahre mich davor, frommer sein zu wollen,
als Jesus Christus es war.
Und heile meine religiös geblendeten Augen,
wann immer ich den Blick für Menschen verliere.
Gott, lehre mich raufen
aus Liebe für andere.
Amen.

ANMERKUNGEN

Bei den Quellenangaben habe ich versucht, möglichst leicht zugänglliche Nachschlageorte im Internet anzugeben. Bibelstellen werden zitiert nach EKD (Hg.), Die Bibel. Nach Martin Luthers Übersetzung. Lutherbibel mit Apokryphen, revidiert 2017, Stuttgart 2017. Abrufdatum aller angegebenen Internetquellen ist 20. Okt. 2021.

[1] Aus „Der Rat der Ratte": Jean de La Fontaine, Fabeln. Gesamtausgabe. Illustriert von Adolf Born. Aus dem Franz. von Ernst Dohm. Zweites Buch, München 2001, S. 49.

[2] Hilde Domin: Sämtliche Gedichte. Hg. von Nikola Herweg und Melanie Reinhold, Frankfurt a.M. 2009, S. 47.

[3] So Martin Luther in der Vorrede auf den Römerbrief (1522): „Der Glaube ist eine lebendige verwegene Zuversicht auf Gottes Gnade. Und solche Zuversicht macht fröhlich, mutig und voll Lust zu Gott und allen seinen Geschöpfen." Vgl. Kurt Aland (Hg.), Luther Deutsch, Bd. 5: Die Schriftauslegung, Stuttgart/Göttingen ²1963, S. 45f.

[4] Einführend zu den verschiedenen chronobiologischen Typen vgl. www.de.wikipedia.org/wiki/Chronotyp.

[5] Vgl. Robert Gernhardt, Das große Lesebuch. Hg. von Kristina Maidt-Zinke, Frankfurt a.M. 2017, S. 388–391.

[6] Vgl. zur Entstehungs- und Wirkungsgeschichte den Artikel zur Sphärenharmonie www.de.wikipedia.org/wiki/Sphärenharmonie.

[7] Vgl. zu dieser Definition Rudolf Bultmann, Welchen Sinn hat es, von Gott zu reden? (1925), in: ders., Glaube und Verstehen. Gesammelte Aufsätze, Bd. 1, Tübingen 1933, S. 26.

[8] So der Titel des Romans von Julian Barnes, Der Lärm der Zeit. Aus dem Engl. von Gertraude Krueger, Köln ⁹2019, der vom Leben und Leiden des Komponisten Dmitri Schostakowitsch erzählt.

[9] In diesem ältesten, erhaltenen Lied von Martin Luther (erstmals gedruckt 1524) wird der Tod der beiden ersten protestantischen Märtyrer besungen, der beiden Augustinermönche Hendrik Vos und Johannes van Esschen. Sie waren zur Reformation übergetreten waren und

1523 in Brüssel verbrannt worden, vgl. zu Text und Geschichte des Liedes: www.de.wikipedia.org/wiki/Ein_neues_Lied_wir_heben_an.

[10] Vgl. Anne Michaels, Fluchtstücke. Aus dem Engl. von Beatrice Howeg, Reinbek bei Hamburg 1999, S. 271: „Die Wahrheit wächst langsam in uns, wie ein Musiker, der ein Stück immer und immer wieder spielt, bis er es plötzlich zum ersten Mal hört."

[11] Vgl. Richard David Precht, Wer bin ich – und wenn ja, wie viele? Eine philosophische Reise, München 21 2012.

[12] Vgl. Felicitas Hoppe, Picknick der Friseure. Geschichten, Frankfurt a.M. 2006, S. 75.

[13] Vgl. Albert Camus, Der Mythos des Sisyphos, Reinbek bei Hamburg 62 004, S. 160.

[14] Vgl. Ödön von Horváth, Zur schönen Aussicht, in: ders., Gesammelte Werke, Frankfurt a.M. 21 978, Bd. 3, S. 67.

[15] Vgl. Confessiones I/1, zitiert nach: Aurelius Augustinus, Die Bekenntnisse des heiligen Augustinus. In der Übers. von Otto F. Lachmann, Leipzig 1888, online: https://www.projekt-gutenberg.org/augustin/bekennt/bekennt.html.

[16] So die Kreuzesworte Jesu nach Mk 15,34; Mt 27,46 in Aufnahme von Ps 22,2.

[17] Vgl. zum Begriff und Phänomen der Nomophobie www.de.wikipedia.org/wiki/Nomophobie.

[18] Vgl. zu den Konzepten der Phobophobie, der Angstsensitivität bzw. der Angst vor der Angst www.de.wikipedia.org/wiki/Angstsensitivität.

[19] Vgl. dazu www.evangelische-akademie.de/mediathek.

[20] Vgl. Viktor E. Frankl, Bergerlebnis und Sinnerfahrung. Mit Bildern und einem Vor-/Nachwort von C. Handl, Innsbruck/Wien 72 013, S. 11.

[21] Vgl. Rainer Werner Fassbinder, Angst essen Seele auf (1974), zum Film vgl. www.de.wikipedia.org/wiki/Angst_essen_Seele_auf.

[22] Vgl. Mariana Leky, Erste Hilfe, Köln 2004.

[23] Vgl. Theodor W. Adorno, Minima moralia. Reflexionen aus dem beschädigten Leben. in: ders., Gesammelte Schriften, Bd. 4. Frankfurt a.M. 1980, S. 114.

[24] Vgl. www.de.wikipedia.org/wiki/Das_Leben_des_Brian.

[25] Vgl. www.de.wikipedia.org/wiki/Alleinstellungsmerkmal.

[26] Vgl. Andreas Reckwitz, Die Gesellschaft der Singularitäten. Zum Strukturwandel der Moderne, Berlin 2017.

[27] Vgl. zum Konzept dieser beiden sozialen Gruppen David Goodhart, The road to somewhere. Die populistische Revolte und die Zukunft der Gesellschaft. Wie wir Arbeit, Familie und Gesellschaft neu denken müssen, übersetzt von Ulrike Strerath-Bolz, Thomas Käsbohrer, Susanne Guidera, Iffeldorf 2020.

[28] Vgl. www.de.wikipedia.org/wiki/Mumpitz.

[29] Vgl. www.de.wikipedia.org/wiki/Firlefanz.

[30] Vgl. www.de.wikipedia.org/wiki/Unsinn.

[31] Vgl. Jacob und Wilhelm Grimm, Deutsches Wörterbuch, Leipzig 1854ff., Bd. 12, Sp. 202, digitalisierte Fassung im Wörterbuchnetz des Trier Center for Digital Humanities, www.woerterbuchnetz.de/DWB.

[32] Vgl. Harry G. Frankfurt, Bullshit. Aus dem Engl. von Michael Bischoff, Frankfurt am Main 2006.

[33] Vgl. Harry G. Frankfurt über den Bullshitter: „He does not reject the authority of the truth, as the liar does, and oppose himself to it. He pays no attention to it at all. By virtue of this, bullshit is a greater enemy of the truth than lies are." So in seinem Aufsatz „On Bullshit", Princeton University, 1986, online: www2.csudh.edu/ccauthen/576f12/frankfurt__harry_-_on_bullshit.pdf, S. 18.

[34] Vgl. Julian Barnes, Die einzige Geschichte. Aus dem Engl. von Gertraude Krueger, München 2019. Die folgenden Seitenangaben beziehen sich auf diese Ausgabe.

[35] Vgl. The Half of It (2020) von der Regisseurin Alice Wu, www.de.wikipedia.org/wiki/Nur_die_halbe_Geschichte.

[36] Vgl. www.de.wikipedia.org/wiki/Agape.

[37] Die World Scientists' Warning of a Climate Emergency erschien am 5. Nov. 2019 und wurde von rund 11.000 Forscher/-innen unterzeichnet. Bis 2021 hatten weitere ca. 2.800 Wissenschaftler/-innen unterschrieben und angesichts der fortschreitenden Entwicklung die Warnung verschärft. Ähnliche frühere Warnungen gab es bereits 1992 und 2017. Vgl. die Quellensammlung www.de.wikipedia.org/wiki/Warnung_der_Wissenschaftler_an_die_Menschheit.

[38] Vgl. online: www.gesetze-im-internet.de/gg/art_20a.html.

[39] Vgl. Stefan Alkier, Thomas Paulsen, Die Apokalypse des Johannes. Neu übersetzt, Frankfurter Neues Testament, Leiden/Boston/Singapore/Paderborn 2020.

[40] Wer Näheres zu dem Übersetzungs-Projekt erfahren möchte: Auf dem Youtube-Kanal der Evangelischen Akademie Frankfurt gibt es

eine Einführung der beiden Übersetzer und beeindruckende Rezitationen des Textes, vorgetragen durch Peter Schröder (Schauspiel Frankfurt). Vgl. www.youtube.com/c/EvangelischeAkademieFrankfurt.

[41] Zum englischen wie deutschen Text des Gelassenheitsgebets, zu seinen Quellen und zur Wirkungsgeschichte vgl. www.de.wikipedia.org/wiki/Gelassenheitsgebet.

[42] Zitiert nach der klassischen Übersetzung von Johann Heinrich Voß, online: www.projekt-gutenberg.org/homer/odyss21/odyss21.

[43] Vgl. Mary L. Trump, Too Much and Never Enough. How My Family Created the World's Most Dangerous Man, Ney York 2020.

[44] Vgl. Oliver Kühn, Der Lügenpräsident, FAZ 12.07.2020, online: www.faz.net/aktuell/politik/von-trump-zu-biden/trump-und-die-wahrheit-der-luegenpraesident-der-usa.

[45] Vgl. www.youtube.com/watch?v=gHsBIk1ZLr4.

[46] Vgl. zur Serie www.de.wikipedia.org/wiki/Das_Damengambit.

[47] Vgl. zum Begriff und den Ereignissen des Jahres im Britischen Königshaus www.de.wikipedia.org/wiki/Annus_horribilis.

[48] Vgl. zum Folgenden www.de.wikipedia.org/wiki/Annus_mirabilis.

[49] Vgl. zur damaligen Pestepidemie www.de.wikipedia.org/wiki/Große_Pest_von_London.

[50] Vgl. die Kampagne der Bundesregierung „Zusammen gegen Corona #besonderehelden" und das dazugehörende Video www.youtube.com/watch?v=krJfMyW87vU.

[51] So Martin Luther im Kleinen Katechismus (1529), 3. Art., online: www.ekd.de/Kleiner-Katechismus-11531.htm.

[52] S.o. Anm. 9.

[53] Vgl. zu der tageszeitlichen Verortung bestimmter theologischer Gedanken Alex Stock, Morgen. Theologie einer Tageszeit, St. Ottilien 2016.

[54] Vgl. zum Folgenden www.de.wikipedia.org/wiki/Roots_Fernsehserie.

[55] Vgl. die bewegende Schlüsselszene am Ende der zweiten Staffel: www.youtube.com/watch?v=XxE92Kigl00.

[56] Vgl. Odo Marquard: Zukunft braucht Herkunft. Philosophishe Betrachtungen über Modernität und Menschlichkeit, in: ders., Philosophie des Stattdessen, Stuttgart 2000, S. 66–78.

[57] Vgl. Cees Noteboom, Abschied. Gedicht aus der Zeit des Virus. Zweisprachige Ausgabe, Aus dem Niederl. von Ard Posthuma, Berlin 2021.

[58] Vgl. zum Begriff der „abschiedlichen Existenz" Wilhelm Weische-del, Skeptische Ethik, Frankfurt a.M [5]1990 bzw. Verena Kast, Trauern. Phasen und Chancen des psychischen Prozesses, Stuttgart 1982.

[59] Vgl. Paul Gerhardt, Befiehl du deine Wege, EG 361, Strophe 1.

Band 1 der Theologischen Impulse:
TROTZDEM. Von der geistlichen Kraft zum Wider-
stand in einer verrückten Welt (BoD-Verlag, 156 Seiten, 9,99
€)

Wenn ich nur ein Wort hätte,

- *um meinen Glauben in dieser Welt zu beschreiben,*
- *die Kraft zum Widerstand gegen Unrecht, Hass, Lüge, Gewalt*
- *die Hoffnung darauf, dass die Liebe am Ende wirklich siegen wird,*

dann wäre dies das kleine Wörtchen „trotzdem".

„Trotzdem" – das steht für die tiefe innere Freiheit,
sich nicht von außen bestimmen zu lassen.

Das Buch ist ein Experiment für eine andere Sprache,
um sich selbst, das Leben und Gott neu zu verstehen.
Es bietet 24 Impulse – persönlich, theologisch, kreativ –,
u.a. zu Nachtdämonen, Baumheiligen, Regenschirmen,
Gelassenheit, politischer Empörung und dazu,
warum man Gott nicht so schnell verstehen sollte.

Band 2 der Theologischen Impulse:
RISSE. Vom schönen, verletzlichen und widersprüchli-
chen Leben (BoD-Verlag, 152 Seiten, 9,99 €)

„There's a crack, a crack in everything.
That's how the light gets in."
(Leonard Cohen, Anthem)

Die 22 Essays in diesem Buch beschäftigen sich mit
der wundervollen Schönheit, der tiefen Verletzlichkeit und
der Widersprüchlichkeit menschlichen Lebens.
Und damit, wie oftmals gerade in den Rissen etwas von einer anderen Wahr-
heit sichtbar wird.
In ihnen geht es etwa um die Berufung des stotternden Mose, zitternde
Hände, die Kunst des Radfahrens, Liebe in Zeiten des Alltags, morgendli-
che Suchfragen oder das wichtige Wörtlein „vielleicht".

Band 3 der Theologischen Impulse:
QUERES AUS DER QUARANTÄNE. Geistliche Gedanken zur Pandemie (BoD-Verlag, 112 Seiten, 9,99 €)

Die Pandemie hat Fragen verschiedenster Art aufgeworfen. Nicht nur viro-
logische, sondern auch ethische und geistliche:
* *Wie gehen wir in Zeiten von Krisen und Krankheiten miteinander um,*
  gerade auch mit den Schwächsten der Gesellschaft?
* *Was kann Beten helfen, wenn Menschen einsam und sprachlos sind?*
* *Wie verhalten sich Viren, Leiden und die Wirklichkeit des Bösen*
  zueinander?
* *Was gibt uns Hoffnung angesichts der täglichen Präsenz von Infektionen*
  und Todeszahlen?
In 12 Essays geht Thorsten Latzel diesen Fragen nach: theologisch, persön-
lich, poetisch. Es geht um Wüstenzeiten und Wohnungskoller, um
Versuchungen und vermisste Klänge – und darum,
wieso die Auferstehung unglaublich, aber plausibel ist.

Band 4 der Theologischen Impulse:
BEDINGUNGSLOS. Vom Halt in zerbrechlichen Zei-
ten (BoD-Verlag, 124 Seiten, 9,99 €)

Pandemien verursachen bedingungslos Leid und werfen so zugleich die Frage auf, was bedingungslos trägt.

Die Essays in diesem Band beschäftigen sich genau damit, dem Halt in zerbrechlichen Zeiten.

Es geht um Spiegelblicke in der Kastanien-Zeit, Mönchsgrasmücken, erste und letzte Dinge am Morgen, Sisyphos, das Zählen und Spalten von Haaren, um leere Stühle, Halbwahrheiten, Gott in der Krise, Nächte in der Corona-Zeit – und darum, was man von den Großeltern für all das lernen kann.

Dr. Thorsten Latzel, geb. 1970 in Biedenkopf, war Vikar in Rodenbach und Pfarrer in Erlensee bei Hanau.

Von 2005 bis 2013 arbeitete er als Oberkirchenrat für Struktur-/Planungsfragen im Kirchenamt der EKD und leitete dort das Projektbüro im Reformprozess. In den Jahren 2013 bis 2021 war er Direktor der Evangelischen Akademie Frankfurt.

Seit März 2021 ist er Präses der Evangelischen Kirche im Rheinland (EKiR). Thorsten Latzel ist verheiratet, hat drei Kinder und lebt mit seiner Familie in Düsseldorf.